子どもと保育者の物語によりそう巡回相談

発達がわかる、保育が面白くなる

浜谷直人／三山 岳［編著］

ミネルヴァ書房

まえがき

各地の多様な巡回相談を知る

　巡回相談という言葉を，最近，よく聞くようになりました。私が相談員として仕事をスタートしたのは，1980年代ですが，1970年代に障がい児保育が一般的に広がり始めてしばらく，現場は戸惑いや不安をもっていました。保育者を加配すること，研修を充実することとともに，発達や障がいの専門家が保育現場に出向いて保育者を支援する，そういう経緯で始まった支援制度でした。

　当時，支援できる専門職がいる地域は多くはありませんでした。財政的にも条件を満たすところは，大都市とその近郊の自治体などに限られていました。すでに，障がい児が通所して療育を受ける施設がありましたが，巡回相談は，専門職が保育現場に出向いて保育の中で子どもを見て助言するという点が，保育現場からは歓迎されました。その意義を実感した保育者が，行政に制度の拡充などを要求していきました。

　その後，支援が必要な子どもの範囲が広がったこと，支援の専門職の増加など複数の要因により，巡回相談制度は，徐々に全国に広がるとともに，充実してきました。とりわけ，近年は，発達障がいに関する知識と関心が高まったこと，特別支援教育の制度化などにより，保育現場だけでなく，教育現場においても，巡回相談は急速に普及しました。

　私は東京近郊の3つの自治体で巡回相談員を経験してきました。

そこでは、原則、1日に、1ケースでした。さらに、事前に保護者の承諾を得た上で、子どもと保育に関する詳細な報告書を園から提出してもらいました。巡回相談当日は、自由遊び、設定保育、生活場面の観察だけでなく、別室で発達検査を実施しました。それらの情報をもとに、できるだけ多くの職員の参加のもとでカンファレンスを行い、実施後に、報告書を提出しました。

そのやり方では、一人の子どもを、1年に1回、多くても2回程度しか見ることはできません。また、依頼されてから実施するまでに、かなり時間がかかってしまいます。

1回の巡回相談が、ケースを通して保育を深く考えるという意味で研修的な機能をもつなどのメリットがあるのですが、制度としての使いにくさを、しばしば指摘されていました。

今では、全国で、それぞれの自治体の事情に応じて、様々な巡回相談が行われるようになりました。一時期、私は、どういう制度であるべきか、自分たちが実施してきた巡回相談を範例にして、その理念・原理、心理学的および実務的な支援手順、実践事例の紹介、支援成果と限界など、実践的、理論的に整理してきました。これは、巡回相談はどうあるべきかについて、広く議論を喚起したい、そういう思いからでした。

しかし、今日、あらためて、巡回相談とはどうあるべきかを考えてみると、全国各地で立ちあがり、しかも、現在まで相当な実績が積み上げられた、多様な相談のあり方から、いかに学ぶか、これが重要であると考えるようになりました。

そういう思いで、本書に執筆したメンバーで、日本発達心理学会の大会の場で、シンポジウムを開催しました。会場には、多くの方

がきていただき、関心の高いテーマであることを確認できました。

本書では、豊島区、八王子市、大津市、鳥取市という、背景となる保育や子育て事情が異なる各地域の巡回相談について、その制度、相談事例を紹介しています。

保育者と共同してつくる巡回相談──物語という視点の導入

本書の趣旨について、それぞれの地域の違いから、読者の方なりに、何か参考になることをつかみとっていただいて、巡回相談のあり方だけでなく、特別な支援が必要な子どもの保育を考える機会にしていただきたい、そう考えています。巡回相談は相談員だけで創るものではなく、保育者との共同によって創り上げるものです。そういう意味で、本書は保育者の方を主な読者として想定してつくりました。

シンポジウム後に、何度か、執筆者が集まって企画を練り上げてきました。もちろん、それぞれの地域の事情による違いは尊重するのですが、一方、巡回相談員が、保育現場に一方的に、子どもや保育について、考え方を提供する、そういう巡回相談であってはいけないということは、どの地域でも共通していました。一方的であるとは、言い換えれば、保育者が子ども理解と保育実践という自らの専門性の一部を巡回相談に外注化し、分業することになり、巡回相談が保育力を現場から奪ってしまいかねないからです。

共通する点があるといっても、巡回相談は、保育実践を画一化することを目指すものではありません。保育者が巡回相談を適切に活用して、さらに質の高い多様な保育実践を創造する、そういう方向性を目指しています。

生活の主体としての子どもと，保育実践の主体である保育者を尊重し，それによりそうような巡回相談がいいね，というのが，執筆者の共通した思いです。それをどういう言葉で代表するかと考えると，子どもの物語，保育者の物語によりそう，そういうことだろうということで本書のタイトルになりました。

保育者に実践を創造する視点を提供する

　さて，私は，現在も八王子市の幼稚園の巡回相談員をしています。本書の最初にあたって，その一端として報告書を紹介したいと思います。相談後に，だいたい，Ａ４用紙で，３枚から４枚程度の報告書を提出しています。

　以下は，一例ですが，いくつかの実際の相談事例の断片をつなぎ合わせて仮想事例（エピソードをつぎはぎしているので，全体としては整合していないところもあります）をつくり，実際の報告書の形式で，その一部を作成してみました。

　私としては，巡回相談員として，子どもや保育について，保育者とは異なる専門家として，視点を提供し，それを保育者が受けとめて，保育者なりに保育実践をつくるうえでの参考になればという思いで，できるだけ平易な日常的な日本語で書くようにしています。また，報告書は，相談員として知り得た状況について総合的に整理するものでもあります。

　読者の皆さんの報告書のイメージを参照しながら，読んでいただければと思います。

巡回相談報告書（仮想事例・前半部分）

　　　　　　　　　　　　　　調査日　　平成〇〇年10月〇〇日
〇〇〇〇園　児童名　青木ケン太（仮名）　平成〇年6月〇〇日生・5歳〇ヶ月

　総評　4歳児クラスの9月に途中入園した男児です。それまで，家庭は混乱した状況にあったということです。入園後，集団活動場面では，しばしば，友だちとの間で，いざこざが起こっていました。また，生活場面のいたるところ，とりわけ，切り替え場面で気持ちが崩れやすく，いったん崩れると立ち直ることが難しく，長時間ぐずって，保育者が，しばらく，つききりでついていることがありました。また，集団活動のルールを守ることは難しく，一人だけ，室の外に出ていく場面が目立ったとのことでした。

　そういう特徴は年長になっても基本的には変わりませんが，家庭状況がかなり安定してきたこと，また，園生活にも慣れ，おっとりとした女児が受けとめてくれる関係が形成されたことなどに伴い，少しずつ改善されて，以前ほどは目立たなくなってきています。

　ケン君の気持ちを尊重し，自分から活動に参加することを待つことを基本として（これは，本園の基本的な保育方針だと理解します）保育されてきました。3人ほどの穏やかな子どもとケン君が一緒に遊ぶ機会をつくろうとされたり，あるいは，ケン君がクラスを跳び出したときには，事務室や他クラスで受け入れて対応する等，担任のナナエ先生はもちろん，園全体で，話し合いながら保育されてきました。その取り組みの積み重ねの成果が現れてきていると考えます。

　ケン君ですが，全般的な運動・知的な発達には，とくに遅れはありません（知的には，一部優れている面がありますので，1対1で丁寧に話をすると，面白いことを知っていたりします）。一方で，自分の気持ち・感情を制御したり，友だち関係をつくることに関しては，かなり幼い発達です。ですから，相手の気持ちや状況を考慮することな

く，自分の思い通りにしようとして（そのとき，いろいろな知恵を使うことがあります），それが阻止されると，気持ちが崩れて，なかなか立ち直れません。べったりと保育者に甘えるようなこともあります。

　ケン君は，登園をしぶることはなく，基本的には，園生活を楽しんでいます。ただ，本人としては，自分の好きなことだけしようとして，正直に行動していますが，退屈になるといなくなったりするので，周囲からは，つまみ食いのように参加しているようにみえて，わがままだと思う子どもがいます。

　自分のやりたいことや欲しいものがあると，それに突進していきますが，それを阻止されたときに，力づくでなんとかしようとします。他の子どもと衝突したときに，力があるので，他児が被害を受けてきた経過があります。ですので，何人かの子どもは，ケン君を乱暴な子どもと見ていて，避けようとすることがあります。あるいは，自分の理解するルールの観点から，叱責したり，ケン君の強引な行動に対して邪魔をしたりする何人かの子どもがいます。そういうときには，ケン君は，かっとなることがあります。一方で，わりと，おおらかに受け流している子どももいます。つまり，クラスの子どもたちのケン君とのかかわりには，いくつか異なるパターンがあると思われます。

　現在のところ，ケン君としては，園生活の流れについての自分なりの理解をもとに，先生の指示やクラスの仲間の動きなどを参考にしながら，興味のあるところには参加して，そうでない場面では，自分だけの空想の世界に行ったり，クラスの外に行ったりする，そういうつもりのようです。

　このとき，ちょっと，わかりにくいのですが，お集まりのときや製作活動などのとき，自分が関心があったり，新しい素材のときには，取り組むのですが，毎日の繰り返しの話や挨拶のように何回も取り組んでいることには興味がないので，勝手なことをします。ですので，朝の会などのお集まり場面で，落ち着かなくなったり，少し立ち歩いたりするのは，仕方がないと考えます。これから徐々に発達するので改善されますが，それでも，そういう傾向は持続します。

ナナエ先生は，ケン君が基本的には，故意にいざこざを起こしているわけではないことや，活動に興味をもてば参加することなどを理解しているので，ケン君の気持ちを尊重して対応したいと考えています。ただ，そうした場合，一部の子どもたちがイライラして，いざこざになったりすることや，他の先生にもこの方針を支持してもらえるかわからないことなどから，若干の迷いがある状況と思われます。

　ケン君の状態や家族のこと，クラスの子どもたちを含めて，理解しつつ受け入れようという姿勢で，保育を積み重ねてこられています。この園で過ごすことができることは，ケン君にとっては，非常に恵まれていることだと考えます。

　保育場面　9時45分から，子育て課の職員と2人で参観しました。

　この日は，朝の会から給食のときまで，ケン君は外に跳び出すことなく，基本的にクラスの中にいました。こういうことはめったにないということでした。いつもよりは，落ち着いていることができたようでした。この日は，いつもと，何がどう違ったのでしょうか。それがわかれば，ケン君がクラスの活動に参加できるようにするためのヒントが得られるのではないでしょうか。

　この日は，ケン君といざこざになる男児が休みでした。それで，嫌な思いをしてかっとなることがなかったのかもしれません。クラスに2人，お客さんがいたので，他の子どもたちがケン君の言動に対して，気にすることなく寛容だったのかもしれません。あるいは，この日の保育は，いつもよりケン君や他の子どもたちにとっても楽しくてわかりやすくて，とくにケン君にとっては参加しやすかったからなのかもしれません。また，ざわざわした雰囲気になる時間があまりなかったからなのかもしれません。いろいろな可能性が考えられます。

　<u>自由遊び場面</u>　登園してしばらく経っていましたが，最初に見かけた時点では，砂場で，なにかお店やさんごっこのようなことをしていました。その後，アスレチックの方に行き，元気よく，登ったり降りたりしていました。後で聞いたところでは，たんに，登ったり降りたりしていたのでなく，戦闘ごっこの世界に浸っていて，様々な動作な

どをしていたらしいということでした。ケン君独自の想像の世界があるようで、それが、他の子どもになかなか、わかりにくいようです。ときどき、その遊びの世界で、他の子どもと接点があるのですが、長続きしません。

　お当番の子どもが、お集まりだからと、ケン君を呼びに来ました。この日は、アスレチックや砂場で十分に遊びこんだせいか、比較的すんなりとクラスに行きました。手洗いなどの日常的な生活習慣はよく理解しています。

　<u>朝の会のお集まり</u>　日にちや天気や出欠の確認のときには、ケン君は、落ち着かない様子でした。話を聞いていないのではないかと思いましたが、後で、発達検査のときに質問すると、どうも、聞いていたようでした。

　最初は絵本の読み聞かせ場面でした。半円状に子どもたちの椅子が並べてあり、ケン君は、自分の椅子に座って、かなり絵本を注視して聞いているように見えました。この絵本は、はじめての絵本で、ケン君にとっては、興味深かったようです。

　［以下，省略（他の保育場面の記録，発達検査の様子，保育への助言など）］

　子どもの発達をわかりやすく記述するという基本を踏まえながら、子どもが主人公になって園生活を過ごす様子と、保育者が悩み葛藤しながらも実践を切り開いている姿を描く、そういう報告書を目指してきました。

　じつは、報告書を書きあげるのに、いつも、何時間もかかってしまいます。負担に感じるときもあり、もっと簡略にできないかと思うことがあるのですが、時間をかけて文章にする作業の過程で、保育者の思いにあらためて気づいたり、子ども同士の関係が見えてくることが少なくありません。ですから、報告書とは、相談員から保

育者へ何かを伝えることである以上に、巡回相談で、自分が学んだことを文章にしている、そういう意味合いがあります。

「報告書を大切に机の中に入れていて、ときどき、読み返して子どもの理解を確認し、保育を振り返っています」という保育者からの嬉しい言葉をもらうことがあります。カンファレンスの場での話し合いだけでなく、このような文書にすることによって、保育者が実践を創造することを支える、そういう可能性があることに気づいてきました。

これは、一つのタイプの巡回相談における、一人の巡回相談員の報告書にすぎません。本書でとりあげた各地の巡回相談について深く知ることができれば、報告書のイメージはさらに豊かになるのではないでしょうか。

保育実践が豊かに展開することを願って

本書を読んでいただければ、それぞれに特色ある4つの地域での巡回相談について知っていただくことができます。もちろん、それらが典型でもなければ、最良でもありませんが、巡回相談が、子ども・保護者・保育者によりそいながら発展してきた姿と、保育者がそれに応えて、保育実践を豊かに創造している様子を実感していただけると思います。保育現場と巡回相談がお互いに信頼に基づいて子どもについて考えることができる、そういう関係が確かにあることが理解していただけるのではないでしょうか。

今日、子育てと保育をとりまく状況は厳しいといわざるをえません。時代とともに、取り組むべき課題が次々と生まれてきています。保育者と巡回相談員が、専門家としてともに支え合う仲間として、

子どもたちの幸福の実現に向けて保育の課題に挑戦していく。本書が，その道程へのささやかながらも一つの契機となることを願っています。

　本書ができるまでに多くの方々のお力をお借りしました。ここに，皆さまに心よりお礼を申しあげます。

　　2016年2月

　　　　　　　　　　　　　　　　編者を代表して　浜谷直人

　本書の用語・表記について
　　各章には，子どもと保育者の名前がありますが，これらは，すべて仮名です。各章の事例については，プライバシー保護のため，関係者に許諾をとる，本質が変わらない程度に内容の変更を加えたり，複数の事例を組み合わせる等の配慮をしています。
　　本書では，障害，障がいの2種類の表記を用いています。私（浜谷）は，最近の立場から，一般的に論じる場合は，障がいと表記し，一方，歴史的な観点，法律用語，医学用語等においては，障害と表記しています。また，各章では，それぞれの地域における事情を受けて，各著者の判断で，表記しています。

目　次

まえがき

序　章　子どもと保育の物語と巡回相談
　　　　――過去・現在・未来……………… 浜谷直人…1

1. 思わぬ保育の展開と巡回相談　1
2. ローカルデザイン　4
   ――保育の実践力が豊かになるための応援団
3. 物語という視点　5
   ――子どもと保育者が物語の主人公になる
4. 物語としての保育実践　7
   ――思わぬことが起こるから保育は楽しい
5. 「客観的に子どもを理解する」とは？　9
   ――物語と対極的な子ども理解
6. エビデンス重視の意義と限界　11
7. 巡回相談における問題状況を解釈する2つの志向性の軸　15
8. 個としての子どもを客観的に説明する巡回相談から，関係と物語を解釈する巡回相談へ　17
   ――第二世代の巡回相談
9. 子ども理解の的確さと妥当性　19
   ――解釈の豊かさと複数性
10. 物語的アプローチ　23
    ――支援を考える前に，まず豊かに解釈する

第1章　保育者とともに子どもと保育の物語を紡ぐ
——豊島区の巡回相談
………… 五十嵐元子・豊島区保育園保育士…27

1. 日々の保育を楽しむことを支援する　27
2. 保育者とともにつくりあげてきた巡回相談　30
3. クラスを対象にした巡回相談への移行　30
   ——現在の巡回相談のシステム
4. 一人ひとりの持ち味を楽しみ，子ども同士をつなぐ　32
   ——巡回相談の事例より
5. 巡回相談における豊島区らしさ　54
6. 3人の保育者からの声　56

第2章　保育者と相談員の価値観を通して物語を探る
——八王子市の巡回相談 ………… 飯野雄大…65

1. 観察と検査を通して子どもの姿を立体的に描く　65
2. 絵が苦手で集団に参加しようとしない雅人君の相談　68
3. 検査場面での虫の絵をめぐる雅人君の物語　70
4. 偶然から子どもの新たな一面を発見する　73
5. 保育者によりそいながら子どもの物語を再編する　76
6. クラスの関係性から生まれる物語　77
7. 価値観が支援を方向づける　81
8. 保育者と相談員が価値観を振り返りながら
   物語に出会う　84

第3章　保護者の物語から保育者との連携が見えてくる
　　　　——八王子市の巡回相談……………… 芦澤清音…89

　1　巡回相談を保護者の視点から捉え直す　89
　2　保護者から見た巡回相談　93
　3　保護者の物語から見た連携の意味　105

第4章　保育者の「振り返り」からスタートする
　　　　——鳥取市の巡回相談……………… 田丸尚美…109

　1　なぜ，あらたな巡回相談が求められたか　109
　2　保育者の「気がかり」を聴き取って，
　　　保育者の物語にふれる　114
　3　相談をきっかけに「振り返り」「語る」　122
　　　——沙希ちゃんの事例から
　4　相談を通して保育者の「気がかり」を捉え直す　135

第5章　個の視点と集団の視点から子どもを捉える
　　　　——大津市の巡回相談……………… 髙田智行…139

　1　発達相談を重視する巡回相談　139
　2　「ともに育ち合う保育」を目指して　144
　3　巡回相談の実際　147
　4　巡回相談が目指すもの　159

第6章 保育者が期待する巡回相談とは
——大津市の保育相談員の経験から
....野本千明…163

1 保育の専門家は，やはり保育者 163
2 保育者が保育のプロとなるために 169
3 巡回相談が，保育・保育者・園を変える 174
4 同行して気づいた巡回相談のあり方 185

第7章 保育者の労苦に共感し保護者と連携する
巡回相談——発達保障論からの実践をもとにして
....別府悦子…191

1 保育者の労苦に共感し，ユーザー視点に立つ
   巡回相談とは 191
2 子どもの発達の理解と対応についての
   専門性を発揮する 195
3 明日からの実践や子育ての希望を生み出す
   相談のために 199

第8章 加配保育者を主人公にした
子どもと保育者の物語 ....川尻泰樹…205

1 加配保育者とその物語 205
2 支援児へのかかわりを振り返る 207
   ——加配保育者佳代子先生の実践
3 実君と佳代子先生の物語 212

4 物語を持ち寄り,物語が交じり合う巡回相談 218
   ——独白的な場から対話的な場へ
     (モノローグ)　　(ダイアローグ)

終　章　これからの巡回相談の役割と意義
　　　　　　　　　　　　　　　　　　　　　　 三山　岳…221

 1 巡回相談は保育現場で何を支援するのか 221
 2 巡回相談が対象とする「障がい」の理解 224
 3 発達支援からみた「物語」の必要性 228
 4 保育支援からみた「物語」の必要性 234
 5 「物語」の役割を教えてくれたエピソード 238
 6 本書の事例の中の「物語」 242
 7 「物語」の視点を発達支援や保育に生かすということ 245

索　引

序　章

子どもと保育の物語と巡回相談
——過去・現在・未来——

浜谷直人

1　思わぬ保育の展開と巡回相談

（1）ピント外れな見立て

　今から思いだすと，冷や汗が出るような巡回相談を何度か経験してきました。

　5歳児の達也君。6月の巡回相談のときの様子です。クラスの皆に，先生が話をしているとき，とにかく落ち着きません。絵本の読み聞かせのときもそうです。話の途中で，立ち歩いたり，友だちに話しかけたりすることはしょっちゅうです。自分に話しかけられたわけでもないときに，突然，思いついたことを大声で言ったりします。クラスから出ていくこともよくあります。

　担任は，持ちあがりですが，4歳児のときよりも，わがままとも思える行動が目立つようになったことを，どう理解し，対処するべきか悩んでいました。

　発達検査場面では，年齢相応の認知的な課題では，手際よくできるのですが，言語的な課題では，聞き取りにくいことを言ったり，答えないことが目立ちました。

保育者からの聞き取り，観察，発達検査などの情報を総合して，達也君は，言語・社会系の育ちに遅れがあると判断しました。

　その日のカンファレンスは，園の都合で，1時間弱しかもてませんでした。達也君には，持って生まれた多動・衝動傾向が強いという特徴があり，お話の場面で落ち着きがないのは，難しくて理解できないためであろうと伝え，達也君が理解できるような話の仕方が必要であり，絵本などについてはストーリーが単純なものも用意した方がよいというようなことを話しました。

　担任は男性保育者でした。巡回相談をきっかけにして，朝の会などでの話や，絵本の読み聞かせの方針を変えました。昆虫の話題をとりいれたり，恐竜の図鑑などを，絵本の読み聞かせの代わりにとりいれたりしました。達也君は，昆虫博士の趣が，すでにそのときにあり，恐竜にも関心があったのです。

　担任の話の時間は，以前よりも，どちらかというと，簡単には理解できないというか，むしろ難しい内容になりました。同時に，テンポのよい話し方になりました。正確にいうと，一度話した話題を繰り返すようなことはできるだけしないようになりました。毎回，担任が新しい話題を生き生きと話す場面が増えました。じつは，担任は恐竜や昆虫に詳しかったのです。

　これに，達也君は反応したのです。面白い話を聞ける，そう思ったのでしょう。じっとして話を聞いている場面が見られるようになりました。もちろん，落ち着きなくそわそわしていることがなくなったわけではありません。しかし，しばらくすると，昆虫や恐竜の話題のときに集中して話を聞くようになりました。それだけでなく，製作課題の説明のときなども着席したまま聞いている場面がでてき

ました。達也君の様子が，大きく変わったのです。

　数か月後に園長に会ったときに，巡回相談後，達也君の様子がよくなった，変わりましたと，聞かされました。たいへん感謝されました。

　園長の話を聞きながら，巡回相談のときに，自分が言ったことは，そういう意味ではなかった，というか，「私の見立ては，ピント外れだった」と思いながらも，そう言うことを憚られたままに，そうですかと言うしかありませんでした。

（2）保育実践は筋書きのないドラマ

　私の言ったことがきっかけになったかもしれませんが，担任は，自分なりに，達也君と楽しく過ごすことができるように方針転換して保育を工夫したのでしょう。また，園長はじめ，園全体がそれを支えたのだと思われました。

　それにしても，達也君が立ち歩いたりして落ち着かなかったのは，私の見立てとは違っていて，話を理解できないからではなく，話が面白くなかったからだったのです。とくに，一度聞いた絵本などは，もうわかっているので，関心がないようでした。テンポよく，興味がわく話をすれば，むしろ，人一倍，集中するのです。

　また，達也君が昆虫に詳しいことを，何人かの友だちが「すごい」と感心し，仲間として認めるようになりました。それで，クラスの中での達也君の友だち関係が変化したようでした。以前は，達也君に落ち着きがないと，「いけないことをしている」という目で見て，それを咎める何人かの子どもがいたのですが，しだいに，そういう険悪な雰囲気が消えて，穏やかになりました。達也君にとっ

て居心地のいいクラスになったようでした。以前だったら，跳び出してしまう場面でも，その場にいることができるようになったのです。

　これは，もう10年以上も前の話です。

　相談員として，ピントはずれなことを言ってきて，でも，園の先生方の機転が利いた実践で結果的に状況がよくなった，そういう巡回相談でした。子どもの物語も保育の物語も，筋書きのないドラマだな，巡回相談をしていると，そういう楽しさ（ときにはヒヤヒヤしますが）をしばしば経験します。

2　ローカルデザイン——保育の実践力が豊かになるための応援団

　巡回相談についてのシンポジウムに出席したとき，2人の先生が，それぞれに巡回相談のあり方について，わかりやすく的確な喩えでまとめてくださいました。なるほどと感心しました。その言葉が，今でも印象に残っています。

　一人は，過疎地域で学校や保育園などの巡回相談に永年取り組んできた経験から，巡回相談とは「地場産業を育てる」仕事だと考えている，そういう話でした。学校や保育園では，それぞれの地域に応じて，それにふさわしい教育や保育実践が取り組まれています。そのことを尊重し，それぞれのよさに磨きがかかる手伝いをする，そういう巡回相談のイメージです。巡回相談員が，何か，正しいやり方を振りかざして実践現場に伝えようとすれば，かえって，現場の実践力を衰退させてしまうことを実感しているのでしょう。画一的な技法やテクニックを実践現場に注入しようとすることを戒める

意味で、的確な喩えだと思いました。

　もう一人は、福祉領域での知恵から借りた言葉で、巡回相談員が「宅配ピザ屋」になってはいけない、そういう話でした。巡回相談も、ピザ屋も、出前出張的な形態であるという意味では似ています。ピザ屋は、注文のピザを店で完成させて、配達するわけです。しかし、巡回相談員がそういうイメージで仕事をしてはいけない。では、どうあるべきか。たとえば、家に行って、その家の冷蔵庫にある食材などを見て、その家族と話し合いながらメニューを決めて、一緒に料理をつくる、そうあるべきだというのです。

　あくまで、家族が料理をする主人公であり、その料理を一緒に楽しみ、その腕前があがる手伝いをする、そういう意味です。家庭ごとに家庭料理は違う、そういう家庭独自の文化を大切にする。巡回相談を出前だとしても、そのことを尊重しなければ、家庭のよさをダメにしかねません。

　今日、巡回相談のような保育実践を支援する仕事は、あくまで、園の独自性や、そのクラスの独自性を尊重することを忘れてはいけないでしょう。それぞれの園のローカルデザインや保育者ごとのパーソナルデザインを大切にすることによって、実践が実り豊かに発展していくのです。巡回相談はその応援はできるかもしれませんが、あくまで、ささやかな脇役です。

3　物語という視点──子どもと保育者が物語の主人公になる

　家族と一緒に料理を作る巡回相談、地場産業を育てる巡回相談では、相談員はあくまで脇役です。確認するまでもありませんが、保

育者が料理や産業（保育）を創る主人公です。そして，その保育の中で，主人公として活動するのは，子どもたちになります。

入れ子構造になるので複雑ですが，日々の保育で子どもたちが主人公となって生き生きと活動するように，保育者が保育を創造する。その保育者の創造的な保育実践を側面から支援する，それが巡回相談の役割になります。

達也君の巡回相談は，「怪我の功名」でしたが，結果的には巡回相談が脇役となることができた事例でした。

担任保育者が昆虫の話題で，達也君とつながり，この保育者ならではの保育を展開することができた実践でした。持ち味を活かして，創造的な保育実践の主人公になったと言えるでしょう。

そして，達也君は，以前とは見違えるように仲間とともに園生活を楽しむ主人公となりました。

そのような保育の経過に立ちあいよりそう，そういう巡回相談の姿を描くことが本書のねらいです。

じつは，達也君の巡回相談当日，園庭で保育を観察しながら，担任保育者と，達也君の昆虫好きについて立ち話をしていました。そのときの会話を，担任保育者なりに引き取って，保育が展開したのかもしれません。

やや，後付けの強引な解釈かもしれませんが，相談員として，達也君が生き生きと活動してほしい，そういう思いは，担任保育者と共有できたのではないかと思うのです。達也君が達也君らしくあってほしい，そして，クラスのどの子どもも，その子どもらしくあってほしい，そういう思いから生まれた実践ではなかったかと思います。その思いの中で，達也君が主人公になる保育を発見していった

のでしょう。

　今回，私たちは，そんなことを考えながら，物語という視点を取り入れ，巡回相談が子どもの育ちや保育実践にかかわる，その全体像を描くことに取り組みました。

4　物語としての保育実践──思わぬことが起こるから保育は楽しい

（1）物語には**筋書きがない**

　物語とは何か。一言では答えにくい問いです。ここでは，一点だけ強調しておきたいと思います。

　数ある人類の歴史的な物語の中でも，もっとも著名な物語と言えば，『オイディプス王』でしょう。国を災禍から救おうとする，オイディプスの愛と正義に満ちた行動が，それと知らずに，結果，人間の最大のタブーである罪を犯して，国にさらに大きな災禍を招いてしまい，わが身を滅ぼそうとする，そういう物語です。

　人の思いとは裏腹なことが起こる，それも人生です。『オイディプス王』は悲劇ですが，思わぬ幸福が舞い込む物語や，腹の底から「馬鹿みたい」と笑ってしまう物語も，また，しばしば出会うものでしょう。

　保育者や親の「善意」がかえって子どもを追い詰めることは，日常よく見かける物語ですし，やんちゃな子どもたちの乱暴とも思えるいざこざをくぐって，子どもたちが本音で力を合わせる友情の姿へと花開く物語も珍しくないものです。

　人には言えないほどに，たいへんでつらかった3歳児クラスと4歳児クラスの子どもたちの保育。それが5歳児クラスで，見事に花

開いて，子どもたちの卒園に涙する。もっと，この子たちと一緒にこのクラスで過ごしたい。そんな保育者の思いを聞くことは珍しくありません。

　いずれにしても，物語に視点をあてるということは，よくいわれる，「物語には筋書きがない」ことを謙虚に受けとめる，そういうことになります。言い換えれば，保育者の勝手な思いだけで保育をつくろうとすることの危うさを自覚する，そういうことでもあります。保育者や子どもが，保育において物語の主人公であることは，必ずしも，自分の思い通りに物語が展開されることを意味するわけではありません。様々な，出会いや思わぬ計らいが，物語の予想外の結末を招くのです。

（2）思わぬことが起こるから保育は面白い

　公式の場で保育を語るとき，保育実践では計画が大切であることが，強調されます。指導案を作成し，その流れに子どもたちを導き，目標とする成果に向けて計画的に保育を展開することの重要性が，一方でたしかにあります。

　しかし，何気ない立ち話や，インフォーマルな情報交換の場では，子どもたちの思いがけない姿や，思い通りにはいかなかった失敗や，奇想天外な出来事が話題になります。思わぬ物語の展開に，同僚と大笑いしたり，担任の涙をこらえる姿に同僚がよりそう姿があったりするものです。そこから，明日の保育への勇気と知恵を得ることができる。物語にはそういう力があります。

　子ども同士，保育者と子どもの間，そして様々な環境との出会いの中で，保育は計画や予定通りには進まないし，常識では計り知れ

ないことが現実には起こります。それが，人々の物語の本質的な特徴でしょう。

本書では，物語の展開における意外性と，それに楽しみながら軽やかに対応する保育者の臨機応変なアドリブ性にも注目したいと考えます。保育実践を語り続けたあとに，「思わぬことが起こるから保育って面白い」という保育者の，そういう保育実践にあふれている，ユーモア，哀しみ，しっとりとした喜びに注目したいと思います。

5 「客観的に子どもを理解する」とは？
―― 物語と対極的な子ども理解

（1）エビデンスにもとづく保育・教育の重視

さて，あまり自覚することはないかもしれませんが，私たちは，子どもの行動を客観的に理解するべきだという考えをもっています。これは，物語的な理解とは対極的といえる立場ですが，今日，保育関係者（教育関係者）の間でも共有されている信念といっていいでしょう。

さらに，近年では，客観的な事実にもとづいて教育や保育は実践されるべきだという考えも強くなってきています。とりわけ，特別支援の教育や保育では，そのような主張，つまりエビデンスにもとづいた保育・教育という考えが浸透しています。

しかし，そもそも客観的に子どもを理解するとはどういうことなのでしょうか？　さらには，なぜ，客観的な子ども理解が保育実践に求められるのでしょうか？　じつは，これは，なかなか複雑な問

いかもしれません。

　そこで、「客観的」という考えにはなじみにくい、「物語」に注目する本書の立場から、この重要な疑問を整理してみたいと思います。それは、客観的であろうとする保育実践に潜む負の側面についても述べることになります。

（2）客観的であることの要件

　保育や教育において、子ども理解は心理学の影響を強く受けてきました。心理学には、人間の心理と行動を的確に（正しく）把握する（しばしば「測定する」と言います）理論を構築してきた歴史があります。厳密には、「的確に（正しく）」と「客観的に」は、同じではありませんが、重なる部分に注目して、ここでは、一旦、客観的という言葉で論じます。

　いかに客観的に測定できるか。通常、2つの要件で規定されます。

　一つは信頼性という基準を満たすかどうかです。

　たとえば、誰が観察しても同じ結果を得ることができるとか、同じ条件であれば、別の時間でも同じ結果を得ることができるとき、言い換えると、事象の生起において再現性があるときに、その結果は信頼性が高いと考えます。

　発達障がい児の保育場面での行動に即して、わかりやすい例で考えてみましょう。「大きな音がすると、自閉症児のA君は、落ち着きがなくなって、クラスを跳び出す」。このようなA君の行動は、複数の保育者が観察することができます。しかも、同じ保育者が、日を違えて観察して確認する可能性が高いでしょう。したがって、再現性が高いとみなしてよい事象です。ですから、A君を客観的に

理解した，そう言っていいでしょう。

　客観的であることのもう一つの要件は，妥当性です。子ども理解が妥当か？　どうすれば妥当になるのか？　これは，奥が深い問いです。妥当性については，後に，あらためて論じることにします。

　また，保育や教育の場で，「客観的に理解する」ことが強調されるようになった経緯で，もう一点，暗黙の要件が含意されるようになった，そう私は考えます。それは「因果関係」を想定することです。

　たしかに，私たちは，「子どもの行動が出現するには，それに先だって必ず原因があり，その結果，その行動が生じる」と考える強い傾向をもっています。そういう因果関係が明確であると想定されるほど，その事象を私たちは客観的に理解している，そう考えるわけです。

　「大きな音が原因となって，A君は部屋を跳び出した」と整理できたとき，A君を客観的に理解できた，そう考えます。

6　エビデンス重視の意義と限界

（1）エビデンス重視の意義

　さて，特別支援におけるエビデンス重視の主張は，医療領域での自然科学的な研究の方法の発展と，その規範が浸透したことの影響を受けています。教育もまた「科学的」（本書は，「科学的」と「客観的」の間の不一致を指摘する立場をとりますが，ここでは，一旦，両者の間の一致する部分に注目して論をすすめます）であるべきだという主張の中で，エビデンスが強調されるようになりました。

医療領域の研究では，A，B，Cなど，いくつかの療法（施術や投薬などの治療法）を，被験者群に実施し，目標とする基準（たとえば，5年生存率とか，生化学的指標など）において，もっとも良好な結果を得られた被験者群への療法を最良のものとします。それは，他の患者に対しても同様な優れた効果を再現することができると考えます。つまり，療法⇒効果という因果関係があるとみなされます。これがエビデンスであり，それを根拠として治療法が標準化され，どの医療者も同様な症状に対しては，同じ治療をすることになります。

　このような「科学的」な研究の意義と重要さについて，私たちは広く同意しています。たとえば，感染症の治療においては，ある薬剤の効果が高い，つまり，ある薬剤は治癒（病状の改善）という結果を高い確率で導きます。そのことについて疑いをもつ余地は少ないでしょう。

　保育実践の一部には，医療実践に対応して考えることが可能な面があります。仮に，巡回相談員の助言の根拠となる子どもや保育に関する所見が客観的であるとすれば，その同様の状況になったときには，保育者が助言をもとに適切に対処することを可能にしてくれます。ですから，巡回相談にとっても，「科学的」なアプローチが有効な場合や局面があることは間違いないでしょう。

（2）エビデンス重視の限界

　しかし，同時に，疑問を指摘せざるをえない点もあります。たとえば，少なからぬ生活習慣病などの慢性疾患では，療法の間の優劣を決定することは，しばしば困難です。慢性疾患では，投薬や施術

などの治療以上に、その患者がどのような日常生活（交友関係、運動、食生活、趣味など）を営んでいるかに、病状や生活の質は規定されます。患者は、固有の人生の歴史や現在の諸関係の中で生きています。誰にとっても有効な療法を仮定することや、特定の療法を誰にでも適用できると考えることや、患者という受け身な個人を想定する、そのような発想そのものに疑問をもたざるをえません。それに対して、物語という視点は、患者自身が主人公となって、自らの健康を維持し、向上する、そういう志向性をもっています。

慢性疾患などの場合と同様に、子どもを理解する上で「科学的」であろうとするとき、つい陥りがちな落とし穴があります。

河崎道夫さんが、『ごっこ遊び』(2015) の第5章で、「室内に引きずり込む心理学研究」として指摘している問題点を以下に引用して紹介します。

> 発達心理学会の研究発表論文集の600に及ぶ発表のうち、田んぼや畑、山や海、原っぱや公園、街の中、あるいは神社や寺など、自然を含む屋外で遊んだりする子どもの姿をとらえたものが皆無に等しい。
>
> この論文集は、「環境を豊かにしたときに子どもがどのように行動するか」を見ようとしない発達研究者の実態を示している。

科学的であろうとすると、再現性を確認しやすい事象に注目して研究する傾向が強くなります。本来であれば、戸外で活発に活動している子どもを観察すべきなのに、室内に子どもを引きずりこんで研究するわけです。

これは、心理学がもっている以下のような根本的な欠陥に由来す

ると河崎さんは指摘します。

　ある人が夜に街灯の下で何かを探していて困ったふうである。「どうかしましたか」「いや財布を落としてしまって……」ということで、いっしょに探すとなかなか見つからない。そこで「落としたのはたしかにこの辺りなんですか」と聞くと、その人は「いや落としたのは向うの暗いところなんですけどね。こっちには街灯があって明るく探しやすいので」と答えたという。

この皮肉な警鐘を巡回相談になぞらえて、言い換えてみましょう。

　巡回相談員が、プレイルームに子どもを連れてきて、行動を細かく記録している。「どんなことを知りたいんですか?」と聞くと「子どもが友だちと一緒に楽しく遊んでいるところを知りたいです」という。それで、一緒に、細かく、行動を記録してみるが、楽しく遊んでいる姿を見ることができない。そこで、「子どもはプレイルームで友だちと遊ぶんですか」と聞くと、「いや、活発に遊ぶのは、園庭だったり裏山だったりなんだけどね。ここだと、行動を細かく観察して記録しやすいので」と答える。

今日まで、特別支援の領域においては、ともすると、「街灯の下＝客観的に把握できる、すなわち、子どもを個として見る」、そういう子どもの姿に注目しがちであったのではないでしょうか。でも、これからは、「暗いところ＝物語的理解、子どもにとっての意味などに注目し、子どもを関係の中で見る」、そういう子どもの姿にも注目する必要がある、というのが本書の主張です。

序章　子どもと保育の物語と巡回相談

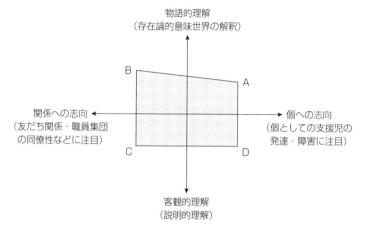

図0-1　現在の巡回相談の志向性：保育実践と子ども理解における2つの嗜好性の軸

(出所)　浜谷(2013)を一部改変

7　巡回相談における問題状況を解釈する2つの志向性の軸

(1) 2つの志向性の軸

　巡回相談員は，保育現場で観察したり，保育者から話を聞いたりします。そのとき話題になったことを解釈するときにも，そこで出てきた問題を解決しようとするときにも，注目する視点，大切に考える視点があります。言い換えれば，一定の志向性をもって相談活動に取り組んでいます。図0-1では，それには，2つの軸がある

---

(1) 図0-1と，その後の論述は，浜谷(2013)の記述をもとに，本書の趣旨に沿うように加筆修正しています。

ことを示しています。

　まず、横軸に注目してください。保育者が対応している問題は、もっぱら支援対象児の個によるものと考え、その支援児の個としての発達や障がいの状態へ働きかけることで問題が解決すると考えるのが、右方向の志向性です。一方、問題は、友だち関係や職員集団などの状態に密接に関係すると考え、その関係性へ働きかけることが解決につながると考えるのが、左方向の志向性です。

　次に、縦軸に注目してください。問題を解釈し対応するときに、先述したような客観的な方法でアプローチするのが、下方向の志向性です。これに対して、物語的な解釈でアプローチするのが、上方向の志向性です。前者は、客観的に測定したりアセスメントできる対象に注目します。たとえば、支援対象児の具体的な行動に注目し、それを改善する（たとえば、話を聞く、ルールを守る、など）ことによって問題状況を解決しようと考えます。一方、後者は、支援対象児を含めたクラスの友だちや保育者などの構成員によってつくられる物語に注目し（たとえば、みんなで何かに熱中して達成したとか、あるいは、退屈して落ち着かなくなることで集団から排除されたとか、など）、まず、それを丁寧に理解しようとします。結果的に、問題が解決されることだけを求めるのではなく、保育者とともに豊かに解釈することで、子どもと保育者の生きている世界の意味に迫ろうとします。

　もちろん、実際は、この図のように単純に整理できるものではないでしょう。しかし、一旦、このように図式化してみると、巡回相談員はもちろんですが、保育者にとっても、自分が直面する問題をどのような観点や志向性で理解して対処しようとしているかが見えてくるのではないでしょうか。

（2） 4つの領域

　この2つの軸によって，巡回相談員が，保育や子どもの状態を解釈したり，問題の解決に取り組む空間を，図のように，AからDまでの4つの領域に大別することができます。これを参照すれば，ある一つの巡回相談は，活動として，どういう特徴があるか，言い換えれば，どの領域の志向性が強いかという基準で分類できます。

　本書では，次章以降で，いくつかの地域での巡回相談が紹介されます。それぞれの巡回相談において，相談員が，どういうことに注目し，何を大切にしているか，地域によって違いがあることがわかります。その際に，この図を参照してみていただければと思います。

　私が現在，実施している巡回相談はどういうものか。それを考えると，図0-1に示した台形の範囲のようなイメージになると考えています。これまで，支援対象児の個としての発達と障がいについて客観的にアセスメントする志向をもつと同時に，保育場面でその子どもや保育者がどうしているか，行動レベルで把握しようとしてきました。そういう志向性は現在も重要だと考えています。ただ，現在では，それ以上に，関係性や意味への志向性を重要視するようになってきました。それで，図では，B領域が拡張している台形になっています。

8　個としての子どもを客観的に説明する巡回相談から，関係と物語を解釈する巡回相談へ——第二世代の巡回相談

　障がい児保育と巡回相談の歴史を振り返ってみます。1970年代に障がい児保育が制度化されました。私は80年代になってから，巡回

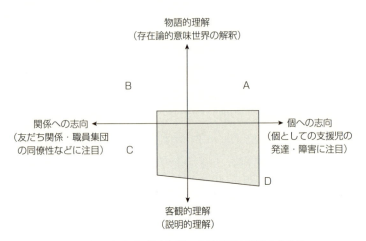

図0-2　障がい児保育初期における巡回相談の志向性

(出所)　浜谷 (2013) を一部改変

相談員として障がい児保育の現場にかかわりをもつようになりました。当時、障がいの状態と発達の状態について科学的に理解し、その障がいを軽減することや発達を促進することが最大の課題だと関係者の多くは考えていました。巡回相談員は、保育現場に行き、発達検査や観察を行いながら、まず、個としての障がい児の発達と障がいについて客観的に把握し、助言することが求められていました。つまり、当時の巡回相談では、図0-2に示したようにD領域への志向が中心だったのです[2]。

その後、必ずしも医学的な意味での障がいが明確ではない「気に

---

(2) 図0-2と、その後の論述も、浜谷 (2013) の記述をもとに、本書の趣旨に沿うように加筆修正しています。

なる子」が注目されたり，発達障がいや被虐待児等への支援のニーズが拡大してきました。

この経過の中で，巡回相談員は，しだいに，子どもの行動の背後にある意味を捉えようとするようになってきました。保育者とともに，保育実践を振り返り，保育実践が豊かに展開する伴走者の役割を担うように変わってきています。

現在，巡回相談員にとって，子どもの個としての発達や障がいの状態について客観的にアセスメントすることに取り組むことは，依然として重要な任務ではあるのですが，それ以上に，クラスの友だちや保育者との関係，保育実践との関係，さらには，保育者集団や保護者との関係など社会的諸関係の中で子どもの置かれた状況を捉えて，保育の場に生き生きと生活する子どもと保育者の姿を物語として描こうとするようになりました。それが，新たな保育実践の創造につながっていくことを願っています。

つまり，現在では，巡回相談は，図のD領域から，しだいに，他の3つの領域へ志向が広がり，図0-1の台形のような広い領域を志向するようになったのです。本書を企画した趣旨は，そのことを確認することにあります。

9　子ども理解の的確さと妥当性——解釈の豊かさと複数性

（1）子どもの発達の姿を捉えるという視点

子どもを的確に理解しようとする，もう一つの有力な方向性は，子どもの発達の姿を捉えるという視点です。我が国の障がい児保育の発展は，この視点なくして語ることはできません。以下の章では，

何度もそのことを確認することになります。では、物語的な理解は、子どもの発達の姿を捉えるという視点と、どんな関係にあるでしょうか。

発達の姿を捉えるという言葉を使いながら、その子どもの年齢に期待される基準や、保育場面で保育者が期待する基準から、子どもの行動を評価している場面に出会うことがあります。そういう場面では、しばしば、相談対象児は、否定的に評価されます。たとえば、「落ち着きがなく先生の話を聞かない」「言語発達が遅れている」「他児に乱暴な行動をする」などです。このような紋切り型の子ども理解は、相談員に求められる発達の専門性とはいえないでしょう。ですから、これをもって発達的な理解と呼ぶことには慎重である必要があります。

巡回相談で観察した、「他児の髪を引っ張る乱暴な行動」が、友だちに関心を抱きはじめ、かかわりを求め始めたという意味で、その子どもが発達していく芽である、そういう場合があります（問題行動には発達の危機という面と、発達の好機という面があります）。それを好ましくない行動と評価して、抑制・禁止するだけの保育につながるような助言をすれば、子どもの発達を支援することにはなりません。

巡回相談の事前の資料を丁寧に読み解けば、対象児に他者への関心が芽生えはじめ、それが行動として出現する発達状況にあると推定できるときがあります。そういう予測をもちながら、「髪を引っ張る行動」を観察すると、友だちとのかかわりを求めている気持ちが見えてきます。だから「トシちゃん、いけません。アヤちゃんが痛いって」と言葉をかける保育者だけでなく、「アヤちゃんと遊び

たかったんだよね」と言葉かけする保育者もいるのです。

　そのトシ君ですが、ときどきクラスを抜け出して乳児クラスに行って過ごしてきました。赤ちゃん相手では、見違えるように穏やかな表情を見せます。また、年少の子どもと保育者と一緒に仲よく遊んでいることがあります。また、土曜日や夕方など、子どもの人数が少ないゆったりした時間には、アヤちゃんと仲よく遊ぶことができる、そういうことも珍しくありません。

　このような複数の理解を寄せ集めれば、「しばしば、他児に乱暴なことをする」という紋切り方で否定的な理解は的確ではないことは、自明のことになります。

　そして、「トシ君は、友だちへの関心が芽生え、かかわりを求める気持ちが育ちはじめている。多くの子どもがいて保育環境がざわざわしている場面や、友だちが拒否的に応じるときには、その気持ちが髪を引っ張ったり噛み付く行動になる。しかし、保育環境が静かで落ち着いて、子どもが受容的に接してくれるときや、子どもとの関係を保育者が丁寧に調整するときには、友だちと仲よく遊ぶことができる。また、その気持ちを尊重した言葉をかけることで、トシ君のかかわり方が育つと同時に、友だちがトシ君を受け入れる気持ちが育つので、友だち関係が良好になる場面をつくることができる」といった豊かな理解になっていきます。

（2）複数の関係者が物語をもちよる

　さらには、延長保育時間に、トシ君を見ている保育者が、冒頭で取り上げた昆虫博士の達也君のような一面に出会い、思わずうなったり、トシ君にあこがれる年少児がいて、予想外の物語に、保育者

がワクワクして子どもたちのかかわりを楽しんでいる，そういうこともあります。

担任保育者は，トシ君の問題行動への対処に悩んでいるときには，トシ君の多様な様子に気づかない，そういうことがよくあります。

トシ君は，担任の保育者との関係の中に生きているだけでなく，加配保育者，フリーの保育者，園長，乳児クラスの保育者など，それぞれの保育者との関係の中で生きています。つまり，トシ君は，関係するそれぞれの人との間で，かけがえのない，大切な物語を生きている，本書ではそのように解釈したいと思います。

巡回相談員もまた，巡回相談の場で，トシ君と出会い，そこにトシ君の物語が生まれます。それは，数あるトシ君の物語の，貴重な一つです。しかし，「専門的」という修飾語がつく，何か特権的な物語ではなく，あくまで多くの物語の一つにすぎないことは，確認しておく必要があります。

トシ君の育ちに責任と権限をもつ関係者は多数います。まず，両親をはじめとした家族がいます。園という場で考えるなら，担任や担当の保育者がいて，園長，主任，他クラスの保育者や看護師などの職員がいます。さらに，子育てや療育に関する各種専門機関の関係者が，事情に応じて関係することになります。

これらの関係者は，トシ君とかかわりを深める過程で，それぞれの物語をつくりあげます。その物語をもちより，それぞれの物語を尊重することになります。言い換えれば，トシ君は，複数の人との間で複数の物語を生きていることを尊重することです。そのうえで，関係者が自分の物語を超えた，より豊かな物語が存在することを知ることになります。その中から，自分にとって確かであるというト

シ君像をもつようになること，それが的確な理解であると考えたいと思います。

保育や教育における子ども理解の妥当性とは，どういうことか。言い換えれば，「客観的」である以上に，的確に子どもを把握するという意味で「科学的」であることはどういうことか。それは，複数の解釈による豊かな解釈の創造が生まれることだと，本書では考えます。

巡回相談は，そういう場であってほしい，それが本書に込められた願いです。

10　物語的アプローチ
　　　――支援を考える前に，まず豊かに解釈する

（1）子どもをコントロールしようという意図

巡回相談に限らず，臨床的な活動においては，子どもを理解しようとするとき，その先には，子どもを支援することを考えています。

とりわけ，客観的に子どもを理解しようとするとき，たいていの場合は，その理解をもとに，子どもを一定の方向に導こうという意図があります。その方向とは，適応であったり，障がいの軽減だったり，発達の保障だったりしますが，何らかの価値にもとづいた方向性に子どもを効果的に変えたり，コントロールしようという意図が内在しています。

ここで，もう一度，冒頭の達也君の落ち着きのなさについて，考えてみましょう。

巡回相談のとき，私は相談員として，達也君は，「先生の話をよ

く理解できないときに、落ち着かなくなる」と判断しました。しかし、じつは、わかりきった話や、何度も聞いた絵本の読み聞かせなどの場面では、退屈になり、落ち着かなくなることを、後に知ったのです。

　もちろん、達也君も、話が難しくて理解できないために、退屈になるときもあるでしょう。両方の場合をまとめれば「退屈になると落ち着かなくなる」ということになります。これは、再現性が高そうなので、達也君の行動特徴について、客観的に理解したことになりそうです。

　しかし、「退屈になる」とは、どういうことなのか、達也君の主観を推測しているわけですが、それが的確な理解なのかどうか、難しい問題です。

　達也君にかかわる一人の人間として、普通ならば、達也君が退屈になるとは、どういうことなんだろう？と、考えたり、逆に、退屈ではなく、楽しくなるときとはどういうときなんだろう？そう考えることになります。その先には、達也君についての豊かな解釈の世界が開けてくる可能性があります。

　ところが、それを客観的という言い方で「退屈になると落ち着かなくなる」と短く整理するとしたら、そこには、最初から、「落ち着かせる」という方向で、達也君をコントロールする、あるいは、達也君を変えようとするという企てがあるのではないでしょうか。

（2）自分たちの保育を捉えなおす

　「客観的に知る」ことは、知ることに価値があると考えて、知ること自体が楽しいと思うこと、つまり、その子どもをもっと深く知

りたいという思いよりは，知ることで対象に変化を与えることを前提にしていることを，この機会に自覚したい，そう考えます。しかも，その場合，たいていは，自分たちの保育の枠組みは動かさないということが前提になっています。つまり，達也君に出会ったから，自分たちの保育を捉えなおすチャンスだと考える，そういう視点が希薄なのです。

　一方，物語的な理解とは，達也君の今の姿を認め，尊重することから始まります。そして，達也君について知り得たことを皆と分かち合い共有したい，そういう思いが，まず，あります。それを徹底すれば，しばしば，自分たちの保育を捉えなおし，達也君にとってもクラスの子どもにとっても，自分たちの保育は適切だったのかどうかを問い直すことにつながります。

　私は，これまで，支援が必要な子どもたちの保育について，多くの「素晴らしい」実践に出会い，保育者にインタビューさせてもらってきました。そこでは，いつでも，保育者，保護者，子どもたちが，泣き笑いしながら，こんな素晴らしい子どもに育った，という予想外の感動の物語が語られました。その実践の肝になるところでは，いつも，子どもをどうしようという前に，子どもを丁寧に理解しようという，物語的な接近がありました。

　第二世代の巡回相談においては，そういうワクワクドキドキするような保育実践を創造するお手伝いをしたいものだ，そう考えています。

〈引用・参考文献〉
　浜谷直人　2013　保育実践と発達支援専門職の関係から発達心理学の

研究課題を考える——子どもの生きづらさと育てにくさに焦点を当てて　発達心理学研究, **24**（4），484-494.

河崎道夫　2015　ごっこ遊び——自然・自我・保育実践　ひとなる書房

第1章

保育者とともに子どもと保育の物語を紡ぐ
―――豊島区の巡回相談―――

五十嵐元子・豊島区保育園保育士

1　日々の保育を楽しむことを支援する

（1）3人の子どもの物語

「そんなにいっぱい持ってんじゃねーよ。バーカ。ぶったたいてやる。」

加奈ちゃんは，些細なことで乱暴な言葉を口にし，他の子どもが抵抗しようものなら，手が出てしまいます。行く先々でトラブルが起き，保育者はあの手この手で働きかけてきたけれど効果がありません。数か月後，ちょっとした変化が見られます。竜太君に先に折り紙を取られ，加奈ちゃんは激しく怒鳴り散らしています。すると，直君が別の折り紙をすっと加奈ちゃんに差し出しました。すると，加奈ちゃんはふっと静かになり，その折り紙を手にしたのです。

障害児・気になる子どもの成長や変化には，他の子どもとのかかわりが大きなカギを握っていることがあります。子ども同士のつながりを大切にする保育者にとって，加奈ちゃんのように，直君の働きかけで，今までとは違う姿を見せてくれると，この上なく嬉しくなるものです。ただ，加奈ちゃん，直君，竜太君の3人のそれま

の付き合いを知らずにこの話を聞いていると，"子どもの力ってすごいな"といった，ありきたりな感想しか出てきません。保育者は，子どもたちが変わってきた喜びを共有したいのに，よくある感想で終わってしまっては，少しもったいないような気がします。

豊島区の巡回相談員は，月に一度，継続的に子どもたちを見て，保育者と話し合いを重ねていく中で，相談の対象児以外の子どもの経緯や特徴を丁寧に捉えられるようになります。先のエピソードで言えば，"子どもの力って〜"という話の内容をもっとダイナミックに理解することができるのです。

直君はちょうどいい遊び相手がいなくて，欲求不満になっていた時期がありました。心配した担任保育者が竜太君となら楽しく遊べそうだと思い，間を取り持ったことで，2人は仲良くなったのです。そんな直君。早く竜太君と一緒に折り紙をしたいのに，加奈ちゃんが竜太君に食って掛かっているので，なかなかできません。何とかしなければ……でも，こういうとき，加奈ちゃんに何を言っても効き目がないことを，これまでの付き合いで直君はよく知っています。加奈ちゃんに違う折り紙を渡したらどうかなと思いついたのです。一方の加奈ちゃん。普段，文句ばかり言ってくる直君が，いつもと違うことをしてきたことに不意をつかれ，思わず直君の働きかけを受け入れてしまいました。

このように捉えることができると，直君は，竜太君と一緒に折り紙をしたくて，加奈ちゃんが静かになってくれる方法を懸命に考えていたことがわかってきます。さらに，直君の竜太君への気持ちは，元を辿れば，2人を結び付けた保育者のかかわりによって生まれてきているものです。こうしたことは，ほとんどの保育者なら薄々気

づいていることですが，相談員とのやりとりを通して形になっていくと，実践への自信につながっていきます。それと，もう一つ，加奈ちゃんが直君の働きかけを受け入れたという出来事は，保育者にとって，「乱暴な加奈ちゃん」という見方とはちがう，新たな一面を知るきっかけになりました。もしかしたら，直君でない別の子どもでも同じようなことがあるかもしれない，そう期待して，今までの保育日誌と相談員の観察記録を互いに見合わせ，探していきます。ここで，同じような姿が見つからなくても，別の出来事が浮かびあがり，加奈ちゃんへの理解が深まる場合があります。そのことで，保育者は加奈ちゃんへの手立てをイメージすることができるのです。

（2）一人ひとりのかかわり合いを可視化する

多くの巡回相談は，保育者が子どもの保育に悩み，困っていることによりそいつつ，別の角度から子どもの理解を広げ，その後の保育についてともに考えていくスタイルをとっています。対して，豊島区の巡回相談は，それをメインにはしていません。保育者が，障害児や気になる子どもも含めたクラスの一人ひとりのかかわり合いを可視化し，子ども理解が豊かになっていく面白さを味わう中で，日々の保育を楽しむことを支援する相談です。

本章は，豊島区の相談システムを紹介し，多動で衝動的な竜太君，乱暴な振る舞いで友だちとの関係を築くことが困難だった加奈ちゃん，言葉の遅れが心配された啓人君の3人とのかかわりに悩んでいた保育者が，相談を重ねていくうちに，その子どもたちへのまなざしを変え，実践へと活かした事例を紹介し，考察していきます。

2　保育者とともにつくりあげてきた巡回相談

　1974年,豊島区では,障害児保育の実施に伴い巡回相談も始まりました。当初の目的は,園生活を通して障害がある子どもがどのように成長発達を遂げていくか,その経過を追いつつ,その子どもに応じたかかわり方を保育者と考えることでした。

　実践を積み重ねていく中で,保育者は,障害がある子どもと他の子どもがともに育ちあっていくことを実感していきます。そのために,一人ひとりの子どもが充実した日々を送り,子ども同士のつながりが生まれることを大事に保育することを一層意識するようになり,巡回相談のあり方を変えてほしいという声が保育者からあがってきました。

　1990年ごろまで,巡回相談は,障害児を対象に年に2～3回,行われていましたが,保育現場のニーズに応えるために,少しずつ回数を増やし,発達が気がかりな子どもを含め,クラス一人ひとりの子どもに目を向け,子ども同士のかかわりに着眼するようになりました。そして,1996年に,相談員を増員し,月一度の定期的な相談スタイルが定着したのです。

3　クラスを対象にした巡回相談への移行
——現在の巡回相談のシステム

　豊島区の巡回相談は,1974年以来,障害児保育実施要綱にその活動が定められていました。その要綱に加え,2011年,子育て発達相

談事業実施要綱を制定し，相談員が園全体の子どもを含んだ保育内容の助言を行う事業として，位置づけられました。これにより，区立の認可保育所では，巡回相談員が園へ訪問し，保育相談を行うことを保護者に周知するようになりました。

現在，巡回相談は，区内の認可保育所で，相談の希望があるクラスを対象に，毎月，行っています。それ以外の区立・私立幼稚園，学童保育所など，保育にかかわる施設には，随時，希望があれば相談に出向き，その内容次第で継続していくかどうかを決めています。

巡回相談員は，心理を専門とする非常勤職員3名で，区営の子ども家庭支援センター内の巡回相談専門の部署にいます。

相談前の手続きとして，相談日の約1週間前までに，相談内容と子どもの普段の様子等を記入した書類を園から送ってもらうようにしています。相談当日になると，相談員は午前9時半〜10時までの間に園へ訪問し，その日の相談内容を事前に送られてきた書類をも

（1）豊島区子育て発達相談実施要綱には，「第1条　この要綱は，厚生労働省告示第141号保育所保育指針（平成21年4月1日適用）の規定に基づき，巡回相談員が，豊島区内の認可保育所等の施設（以下「施設」という。）において保育等に従事する職員（以下「保育職員」という。）に対し，保育内容や保護者への対応・支援についての助言を行うと同時に，施設を利用する保護者からの子育てや子どもの発達等についての相談に対応する『巡回子育て発達相談事業』（以下「巡回相談」という。）を実施することで，施設に在籍する子どもの最善の利益及び健やかな成長と発達を保障するとともに，保護者に対しても一人ひとりの状況に配慮し，かつ自己決定を尊重した子育てを支援し，親子の良好な関係づくりを促進することを目的とする。」と記されており，現在，巡回相談員は，保護者面談も合わせて実施しています。

とに確認し，保育観察を行います。その後，午後1時半ごろから先生たちと話し合います。話し合いは，基本的に担任の先生と副園長・園長が参加します。必要に応じて，園全体の先生たちやその他の職員が参加できるようにしています。そのときどきの巡回相談のねらいや園の考え方によって，話し合いに参加するメンバーのあり方も様々です。

4　一人ひとりの持ち味を楽しみ，子ども同士をつなぐ
　　——巡回相談の事例より

(1) 最後の巡回相談日に見た子どもたちの成長

　5歳児クラス，3月。最後の巡回相談日。子どもたちはもうすぐ卒園です。この日でお別れかと思うと，少し寂しく感じる反面，子どもたちの巣立ちが嬉しくもあり，複雑な気持ちで園へ訪問しました。

　卒園式の練習場面を観察。子どもたちが一人ひとり将来の夢を発表しています。

　トップバッターは啓人君。とても真剣な表情で，席を立ちました。いつもこういうとき，啓人君はおどけてしまうことが多いので，周りの子どもは心配そうに見つめています。すると，啓人君はしっかり顔をあげて，「英語を練習する人になりたいです！」と大きな声で言いました。相談員は心の中で，相変わらず面白いことを言うなとほほ笑んでいたのですが，子どもたちの受け止め方は違っていました。啓人君の真剣な姿に火がついたのか，"啓人君の次に続け！"と言わんばかりに，一人ひとり堂々と将来の夢を語っていき

ました。

　男児10名・女児12名の計22名のクラス。担任は，子どもの気持ちによりそうのが上手な由紀先生，遊びの引き出しがたくさんある恵先生です。相談員がかかわりはじめたころ，子ども同士のぶつかり合いが伝染するかのようにあちこちで起き，わさわさした印象のクラスでしたが，今や，仲間のことを気にかけ，生き生きと自分の夢を語れるまでになりました。

　子どもたちが午睡に入り，先生たちとの話し合いの時間。今日の練習場面を振り返り，仲間の素敵なところが，子どもたちの間で，響き合うようなクラスになったと，その成長を喜んでいました。"この土台をつくったのは，3歳児クラス夏から4歳児クラスにかけての保育だったよね"という副園長の言葉に，相談員と先生たちは深くうなずきました。

　"子どもの持ち味を大事にして，子ども同士のつながりをつくっていきたい。"

　先生たちはずっとこう思って保育してきました。先生たちのその思いを支援したいと考え，子ども理解を深め合った1年半。子どもたちは，自分の好きな遊び・得意なことを通して気が合う仲間を見つけていき，自分らしさを発揮し，かつ相手も生き生きするような関係を培ってきました。ここでは，その期間の相談に絞り，相談員と保育者がどのように子どもへのまなざしを変え，子どもたちと保育を楽しんできたのかを取り上げていきます。

（2）暗中模索の保育から巡回相談へ

　由紀先生は3歳児クラスの夏ごろの状況を振り返り，こう語って

います。

　朝，子どもたちの泣き声と叫び声が部屋中に響き渡るところから1日が始まります。竜太君は，いつも慌ただしく動き回って，次々といろいろな場所に顔を出しては友だちの遊びをかきまわし，トラブルが後を絶たず，直君は自分中心に遊びをしようとし，相手がそれを受け入れないと，怒りがおさまらず，手が出てしまいます。和也君は始終イライラして「来るな」「あっちへ行け」と威圧的な態度を取るし，加奈ちゃんは友だちの遊んでいるものをぱっと手に取り，抵抗されようものなら容赦なく叩きます。その一方で，園に慣れずに泣いている新入園児がいれば，身の回りのことをするのに手助けがまだ必要な子たちもいる……その子どもたちの対応もしながら，どうすれば危険のないようにできるのか？　どうすればケンカが少しでも減るのか……と悩んでいました。相棒の恵先生が休んで，一人になったときはもうパニックです。戦場のようなクラスの状況に，どうして私がこのクラスを安全に楽しくできるものか！と思い詰めていました。中でも，竜太君の動きは，私の理解を超えていて，何にどこから手をつければいいのかわからず，困っていました。

手ごわい子どもたちの前で，今日を切り抜けることに精一杯，これからの保育をどうしていけばいいのかなかなか見えてこない中で，竜太君のことが少しでもわかれば，何かが変わるかもしれない，そう期待して，先生たちは，巡回相談に申し込んだのです。

（3）クラスの雰囲気を捉えつつ，先生の悩みに対応

　相談当日，相談員が観察のためにクラスに入ると，たいがい子どもが声をかけてくるので，それに応じつつ，好きな遊びや仲良しの友だちなどを聞くようにしています。誘われれば一緒に遊び，そうでないときは面白いエピソードを探して，メモをとっています。相談の対象児も視野に入れて観察していますが，クラスの子どもとかかわりながら全体の雰囲気を掴むことを初回の相談では重視しています。

　この日は，プール遊びが中心で，ホールで準備しているところから観察。由紀先生の動きに合わせて体操する子ども，その周りでじゃれあっている子，テラスに出る戸のレールをじっと見ている子。「何しているの？」とレールを見ている子に尋ねると，「アリがここにいるんだよ」と義人君，颯太君，啓人君。熱中して見ています。プールに入ろうというとき，竜太君は走って，プールサイドまで突進し，その勢いのまま飛び込んでいきます。別のクラスの子どもと衝突しそうなところを恵先生が体を入れて危険を回避。加奈ちゃんと直君はプールに入る順番を争い，今にも手が出そうなところを由紀先生が仲裁。啓人君たちはプール脇にある花壇をじっと見つめ，アリ探し。竜太君たちのヒヤッとするムードに流されず，マイペースで自分の関心に没頭している姿が印象的で，このクラスはこれからどう変わっていくのだろう，と楽しみだなと思う一方，担任保育者の立場だったら，たまったものじゃないなと感じていました。

　話し合いの時間。竜太君の話に入る前に，少しだけ，啓人君たちのことを先生に聞いてみました。すると，クラスの中でも幼い子どもで，比較的，一つのことに集中してじっくり遊ぶタイプで，ここ

からもっと楽しい遊びへと発展できるといいのになと,先生は語ります。その他に,なかなか自分を出せない操君のこともあがってきました。和也君にずっと連れまわされて,断れずに困っていると。その和也君は自信がなくて,操君に依存しているところがあり,2人とも達成感のある遊びがあれば変わってくるのではないかなど……先生たちがもっと手をかけていきたい子どもたちの話が次から次へと出てきました。

　こうした対象児以外の子どもの話が相談員にとって重要で,これから話し合いを進めていった先に,子どもの理解を深める際,意外と役に立つことがあります。何よりも,先生たちがどう保育していきたいのかを理解する貴重な手がかりです。クラスの一人ひとりの好きな遊びや得意なことをもっと充実させていきたいと考えていることが伝わってきました。それには,まず,先生たちが悩んでいる竜太君の衝動的な行動や多動を理解し,一つでも具体的な対応を考え,先生たちに他の子どもを見る余裕をつくっていくことが先決だと判断しました。

(4) 竜太君と楽しく遊べる相手を見つけ出して

　前回の相談(3歳児クラス,8月)で,相談員は,竜太君の衝動的な行動や多動が本人の意図するものでないことを説明し,言葉のかけ方について考えていきました。それをきっかけに,先生たちは竜太君へのかかわりに手ごたえを感じ,保育に少し余裕が出てきたようです。ここからが豊島区の巡回相談の本番です。

　他の子どもたちとのかかわりから竜太君の姿がどのように変わっていったか,そこにどのような保育の取り組みがあったのか,毎月,

第1章　保育者とともに子どもと保育の物語を紡ぐ

先生たちとの話し合いを通して，明らかにしていきます。ここでは，そのプロセスを数回分（3歳児クラス，9月〜翌年2月）の相談をまとめて，見ていきます。

　まず，竜太君は，直君と仲良くなったことで，突発的に手が出る部分は変わらないものの，直君を求めるようになり，あちこち動き回ることが少なくなってきました。そのきっかけは，竜太君の衝動的な行動が手にあまり，とにかく思い切り体を動かせるよう，先生がホールへと遊びに誘ったことです。嬉しそうに走る竜太君を見て，誰かいたらもっと楽しめるかなと思いつき，遊び相手がいなかった直君を誘ったのです。ぐるぐる走り回っているだけで2人は大満足。そのうち，竜太君は「またホールに行く？　直君と2人で？」と直君との遊びを期待するようになりました。一方の直君は，もっと2人で楽しめないかと新しい遊び方を提案。竜太君が喜んでのってくるので，自分と一緒に楽しめる仲間として竜太君を見るようになっていきます。

　次に，竜太君の姿が変わって見えたのは，クラスの中で比較的おとなしい子どもに焦点を当てた取り組みを通してのこと。先生たちは，この子どもたちがキラッと光るものをもっているのに，それを「見て！」と大きな声でアピールしないので，周りに気づいてもらえず，もったいないと思っていたのです。この子どもたちが，周囲に認められるようになったら，自信が出てきて，もっと自分の得意なこと・好きなことを伸ばしていけるのではないか，さらに，自己主張が強い子どもたちにとっても，素敵なところをもっている子どもの存在に気づくチャンスになるだろう，そう考え，おとなしい子どもたちの得意なこと・好きなことを意識してアピールするように

したのです。すると，竜太君は，プラレール好きの義人君・颯太君に関心を寄せ，一緒に遊ぶようになり，次々と面白い遊び方を考え，盛り上がっていきました。プラレールの線路をテーブルの上や下につなぎ，クラス一面に敷いていったときは，周りの子どもたちも驚き，いつのまにか，"竜太君は電車好き"と，思われるようになったのです。

　この取り組みは，初回の相談で先生たちが気にかけていた操君にもよい影響を与え，その結果，竜太君が魅力的な存在であると気づかされます。操君は，和也君に付きまとわれて，自己主張できず困っていた子で，クラス全体から見たらおとなしいタイプでしたが，じつは足が速く，体を使うのが上手だったのです。ただ，かけっこになると，竜太君や直君も速く，遠慮がちの操君は後一歩のところで勝てません。そこで，先生たちは，園庭に三角コーンを置き，それを右左と曲がって走る競争ならいけるかも……と考え，やってみることにしました。操君は見事一番になり，先生たちはそれをおおいにアピール。竜太君・直君をはじめ他の子たちからも"すごい！"と言われるようになりました。操君は自信が出てきたのか，和也君を振り切って，竜太君と直君の遊びに自分から入るようになります。そう，ずっと操君は竜太君と直君が楽しそうにサッカーやかけっこをしているのを見ていて，憧れていたのです。それからというもの，3人で体を動かしてよく遊ぶようになりました。

　こうして，相談を重ねていくうちに，竜太君は，落ち着きがなく，衝動的で対応が困難な子どもから，面白い遊びを思いつく魅力的な子どもへとその姿が変わっていきました。さらに，竜太君を通して，癇癪持ちで先生を困らせていた直君，自信がなく自己主張が弱かっ

た操君の違う面が見えてくるようになり，保育が面白くなってきたようです。

　相談を始めて，あと3回でちょうど1年が経つというところでした。豊島区の巡回相談は，最低でも1年間継続してみて，その後も相談が必要かどうか，保育者に決めてもらうようになっています。このとき，先生たちが明るい表情で楽しく子どものことを語る姿を見ていて，そろそろお役御免かな……と思っていたのです。

（5）加奈ちゃんの乱暴な振る舞いに疲れていく担任保育者

　次の相談日（3歳児クラス，3月），園へ着くとすぐに，副園長から，先生たちが加奈ちゃんのことで悩んでいるので，相談にのってほしいと言われ，何があったのか心配になりました。つい先月，竜太君たちの話を生き生きと語っていた先生たち。この日は元気がないように見えました。

　恵先生は当時の状況をこう語っています。

> 　クラスの中でも自己主張が強い加奈ちゃん。自分の思いが通らないと友だちに乱暴な言葉を振りかざし，抵抗されると，手が出てしまいます。そこに私たちが仲裁に入っても，少ししたら，また同じことの繰り返し。その姿を見ていると，思いが通らないという理由より，日頃たまっているイライラをぶつけているかのようです。その原因は，背景に家庭のことが関係するのか？　私たち保育者との関係がギクシャクしているのか？　そう悩みながら，気持ちによりそう・なだめる・ちょっとしたことを誉める……いろいろやってはみたものの，変わりがなく，

正直言って私たちも疲れてきていました。

月に一度,足を運んでいれば,加奈ちゃんの話を耳にしますし,その姿も目に入ってきます。相談員は,加奈ちゃんのことを,押しが強く,手が出てしまうけれど,他の子どもとのかかわりを通して,変わってくるだろうと思って見ていました。先生たちもそう願って,保育してきたけれど,乱暴な振る舞いが後を絶たず,ここで丁寧に加奈ちゃんのことを捉え直したいと,相談に挙げてきたのです。

このときはじめて,相談員は,先生たちの話から,加奈ちゃんが複雑な家庭で育ってきていて,保護者との関係がうまくいっていないことを知り,早急に手を打たなければと考えました。家庭背景が深刻な場合,問題状況が長引きやすく,先生たちが疲れ果ててしまわないように,職員同士の協力体制を整えていくことが重要課題です。職員全員に話し合いに参加してもらい,園全体で2人の先生をバックアップしていくことを,まず確認していきました。さらに,この話し合いを通して,先生たちは加奈ちゃんの遊びが充実していないことに気づき,"彼女が楽しいと思える遊びを見つけ,かかわっていこう!"と気持ちを新たにしたのです。

---

(2) 加奈ちゃんは,発達の遅れや多動などの障害特性は見られませんでした。家族関係が複雑で,母親が突然いなくなり,戻ってくる……,そうしたことがしばしばあるようでした。また,母親の前ではとてもよい子で,乱暴な素振りを一切見せないとのことでした。このような情報から,親子関係に不具合が生じており,カナちゃんに見捨てられ不安があるのではないかと考えました。

（6）理解の行き詰まりから抜け出すきっかけを見つけ出す

　先生たちの晴れ晴れとした表情から，きっとよい方向に向くと相談員は信じ，次の相談日（4歳児クラス，5月）を迎えました。ですが，そううまくいくものではありませんでした。

　前回の相談から，他クラスの保育者の協力もあって，加奈ちゃんの乱暴が減り，笑顔で過ごせる日が続いたのは，たった2週間。また，他の子どもに乱暴に振る舞うようになり，元に戻ってしまった……と，由紀先生は落ち込んでいました。早速クラスに観察に行くと，加奈ちゃんは他の子どもとカードゲームで楽しんでいました。昼休み，保育日誌を読んでみると，同じような姿があったことから，話に聞いていたよりも順調で，先生たちの取り組みが実を結びつつあるなと相談員は感じていました。

　話し合いの時間。先生たちとやりとりしていると，加奈ちゃんの捉え方がかみ合わなくなってきました。先生たちの"乱暴さえなければ，他の子どもたちと楽しく遊べるのに……"という言葉が胸に刺さります。日々，加奈ちゃんと接している先生たちの立場から考えれば，ほんの少し楽しく遊べたとしても，それでよかったということにならないのです。相談員は，何か別の切り口で考えないと行き詰まっていくだけだと悩んでいると，副園長が「何か見るところが違う気がする」と口火を切りました。少し前までは，大人に対して自分を見てほしいという気持ちが強かったように思うけど，ここ最近，クラスの子どもを意識し始めているような気がすると，事務室での加奈ちゃんの様子を話してくれました。

　この園では事務室は子どもの出入りが自由になっています。子どもがちょっと疲れて，気持ちをリフレッシュしたいときに，ひと遊

びしてクラスに戻っていくという場になっていました。最近，加奈ちゃんは事務室に来ると，窓越しに，自分がここで遊んでいることをこれみよがしに他の子どもにアピールしていると……。

　はっとしました。今まで，加奈ちゃんに楽しい遊びができれば，それを通じて他の子どもとのよいかかわりが出てくるだろうという考えに，相談員自身が囚われて，加奈ちゃんと他の子どもとの関係性を丁寧に見ていなかったのです。クラス全体の人間関係から加奈ちゃんを見つめ直したら，新たな見方ができるのではないか，次回の相談で，子どもたちの関係を図にして考えてみようと先生たちに提案しました。

（7）クラス全体の仲間関係から加奈ちゃんを眺めてみて

　1か月後（4歳児クラス，6月），先生たちは，日誌と普段の様子をもとに，子どもたちの関係図を描いてみたと見せてくれました（図1-1参照）。園庭で展開している遊びか室内で展開している遊びかによって，集まってくる子どもが変わるため，2つのバージョンに分けてみたとのこと。さらに，図に描いてある遊びから異なる遊びへ発展すると（たとえば，ブロック遊びで作った武器を使って，ヒーローごっこへ移るなど），そのメンバーが変わるので，描こうと思ったら何枚にもなると，先生たちは説明してくれました。これを見ただけでも，一人ひとりが自分の得意なこと，好きなことをどこかで発揮できる状況になっていることがわかりました。裏を返せば，先生たちがそうなるように遊びや活動を用意してきたと言えます。

　早速，加奈ちゃんがよく入っていく遊びのメンバーとその特徴を確認しました。そこにはたいてい姫乃ちゃんがいます。彼女は，自

第1章 保育者とともに子どもと保育の物語を紡ぐ

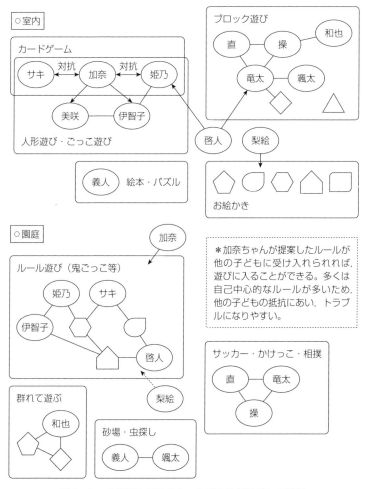

図1-1　4歳児クラスの5・6月ごろの子どもの関係

（注）矢印は働きかけの方向を示す。矢印の点線の場合は、その遊びに入る回数が少ないことを意味する。棒線はつながりがあることを示す。本文に名前が記されている子ども以外は図形で示している。同じ図形の場合は同一人物である。

己主張がはっきりしていて,かつ相手のことを気遣えるので,自然と何人かの子どもが集まってきます。うまくリーダーシップをとるので,遊びが盛り上がるのです。その姫乃ちゃんと他の子どもの様子を意識してか,加奈ちゃんは,その遊びにすかさず入り,いきなり主導権を握ろうとするのが日常茶飯事になっています。前回の相談で,副園長の話にあった,加奈ちゃんが他の子どもにアピールする姿と合わせて考えると,姫乃ちゃんのように"他の子どもから注目されたい""みんなが自分についてきてほしい"という思いをもっていることがわかります。

　次に,他の子どもが加奈ちゃんとどのようにかかわっているのかを見ていくと,それぞれ加奈ちゃんとの付き合い方が違っていることが明らかになってきました。たとえば,先に出てきた姫乃ちゃんは,加奈ちゃんの主張と合わなければ抵抗し,それでもダメなら他の遊びに移っていきます。ですが,カードゲームになると,2人はよいライバル関係です。加奈ちゃんとよくぶつかるのはサキちゃんと直君。2人とも自己主張が強く,2歳児クラスからの付き合いで,ぶつかり合うのはそのころから変わりません。なるべく加奈ちゃんの怒りを買わないようにうまくすり抜けるのが伊智子ちゃんと美咲ちゃん。2人はおとなしい子どもで,加奈ちゃんが好んで連れ添わせることがありました。遊んでいて楽しければいいのですが,加奈ちゃんが,自分の思い通りにしようと,押しつけがましくするのが,耐えられないときが多々あったようです。美咲ちゃんは意を決して,泣いて訴えましたが,加奈ちゃんは取り合おうとしません。そのうちに,美咲ちゃんは,加奈ちゃんが一方的に要求を押しつけてくると,隙を見て,静かに離れるようになっていました。一方の伊智子

ちゃんは，加奈ちゃんが何か言っても「もう仕方ないなぁ」とうまく受け流し，別の楽しみを見つけるようになっていました。

　図を通してわかってきたことは，相談員と先生たちが思っていた以上に，一人ひとりの子どもが自分に合った方法で，加奈ちゃんと関係をもつようになっていたことでした。それが相談員とやりとりしながら見えてくると，先生たちは，加奈ちゃんが鬼ごっこなどの遊びで面白いルールを思いつき，その場を盛り上がらせていたこと，絵を描くのが好きな子どもたちと加奈ちゃんが，見せ合いっこをして楽しんでいたことを思い出し，数は少なくても，加奈ちゃんが他の子どもに受け入れられていたんだと気づきを言葉にします。さらに，加奈ちゃんとのかかわりがよいときも嫌なときもありつつも，他の子どもたちが，自分たちなりにどうすればいいのかを考えていたんだと，その成長を感じ取っていたようです。恵先生が「加奈ちゃんって，周りの子どもの成長を促す子なのかもしれないね」とつぶやいていました。その言葉には，"他の子どもたちとのかかわりを通して，今度は加奈ちゃんの方が相手のことを考えていく番だ"という加奈ちゃんへの成長を期待する思いが秘められているように相談員には感じられたのです。なぜなら，先生は続けてこう言ったからです。「（加奈ちゃんの乱暴な振る舞いや感情の高ぶりを制御するような）加奈ちゃんへの特別な対応はない」と。子ども同士のかかわり合いがそれぞれの成長を促していくことを，先生たちはこれまでの経験で，何度も何度も目の当たりにし，それを知っているのです。

　こうして，加奈ちゃんへの理解は，乱暴な振る舞いはあっても，他の子どもたちに認められるような遊びをもっていて，それが受け入れられていたこと，周りの子どもたちの成長に貢献していたこと

が加わりました。何よりも，他の子どもたちから加奈ちゃんのことを学んだ，そんな相談でした。

　ところで，クラスの仲間関係を図にすることで，理解が深まったのは，加奈ちゃんだけではありません。先の相談であがってきた竜太君・直君らの変化も捉えることができました。室内の遊びに注目してみると，竜太君たち3人組の他にマイペースな子どもが加わって，ブロックで楽しむようになっていたのです。その中には，以前，プラレール遊びで竜太君と仲良くなった颯太君が入っていました。さらに，操君を追いかけていた和也君も入っています。一度，操君に振り切られ，しばらく離れていましたが，ブロック遊びでまた一緒になります。和也君は，ごっこ遊びのストーリーや設定などを考えるのが大好きで，みんなが作ったブロックでさらに楽しめる案を出すのに一役買っていたのです。そして，直君はメンバーのよさをうまく引き立て，まとめていく姿が見られ，クラスのよいリーダーになっていくかもしれないと先生たちは期待したのです。

　この相談から数日後，この章の冒頭のエピソードで紹介した，加奈ちゃん・竜太君・直君の3人のやりとりが出てきたのです。先生たちは，他の子どもたちが加奈ちゃんとのかかわりを通して，いろいろ考え，成長を遂げていることを確信し，トラブルになってもすぐに介入せず，しばらく様子を見て，子どもたちが十分やりとりできるようにしようと決めたそうです。「もし，それで解決しなかったら，周りで見ている子どもにも話を振ってみて，みんなで考えよう……そのことで，加奈ちゃんにも何か感じてほしいなと願いをこ

めて……」と由紀先生は語っていました。この出来事を，相談員は次の相談日（4歳児クラス，7月）に知ることになります。

（8）言葉の遅れがある啓人君の持ち味は？

　4歳児クラス，6月。加奈ちゃんの相談と並行して，言葉の遅れが心配だと，啓人君の名前もあがってきました。初回の相談のときに，アリを見て楽しんでいた子です。一言で言えばマイペース，でも愛嬌があり，人の気持ちを和ませるようなところがあります。数か月前の観察で，加奈ちゃんと直君が言い争い，ちょっとクラス室が嫌なムードになってきたところを，啓人君が「ティッジュ〜ティッジュ〜」と鼻をすすりながらウロウロしているだけで，その場の空気が変わっていくのを感じていました。啓人君がいなかったら，クラスはもっとギスギスしていたかもしれないなと心の中で思いつつ，恵先生に目を向けると，落ち込んでいました。相談した経緯をこう話してくれました。

　　啓人くんは，0歳児クラスで入園したころから，どこか人を引き付ける可愛らしい魅力がありました。周りの子どもと比べるとどこか幼い，つい苦笑いしてしまうような表現や行動，仕草が，かえって"見ているだけで癒される""行動が子どもらしくておもしろい""かわいい"と保育者の間で評判になっていました。ときどき，自分の気持ちにあった言葉が出てこないのかなと思うことはありましたが，本人はそれほど気にせずに，楽しく過ごしています。私たちも啓人君の表現が面白くて，そのやりとりを楽しんでいるところがありました。それが，ある

とき，姫乃ちゃんに「啓人君何言っているのかわからない」と言われたのをきっかけに，"このまま楽しいだけでいいのだろうか"，と考えこむようになったのです。それからというもの，周りの子どもと比較して見るようになり，啓人君の幼さがどんどん気になってきて，就学後のことまで心配が膨み，今のうちに少しでも園でできることがあれば……と思ったのです。

　豊島区の相談は，「子どもの発達で気がかりな点，障害の可能性を早期に発見し，対策を打つことが主要な目的ではありません」（荒井，2013）。相談員があれ？と思っていても，保育者の訴えがない限り，"この子に発達の遅れがある"と指摘したりしません。保育者や子どもが困っていなければ，相談員は，あえて問題をつくるようなことはしないのです。啓人君の場合もそうでした。相談員は，1年くらいの発達の遅れがあるのかなと思っていましたが，普段，先生たちは，一斉の活動や集団の遊びで啓人君がよくわかっていないなと思う場面でそっとフォローしています。さらに，一人ひとりの子どもが楽しめるような活動と遊びを用意しているので，啓人君がつまらなくてどこかへ行ってしまうシーンは見たことがありません。制作が大好きな啓人君は他の子どもが作らないようなものを作るので，その奇抜な発想を活かせる材料を揃えています。その結果，啓人君の作品は，制作好きの子どもたちの間で，高評価です。園にできることは十分にしていました。先生たちが啓人君と一緒に楽しんできたからこそ，あんなに伸び伸びと，人を和ませるような子どもへと育ってきたと相談員は考えていました。

　そのせいか，先生たちの話を聞いていても，啓人君の言動を指摘

した姫乃ちゃんのことが，気になって仕方ありません。彼女は，自然と他の子どもが集まってくるような一緒にいて気持ちのよい子です。それなのに，どうして啓人君のことをそういうふうに言うのだろう……理由があるはずだと思っていました。そのことを頭の片隅に置きながら，啓人君の発達を先生たちと確認していると，姫乃ちゃんが途中から入園してきた子どもで，啓人君との接点があまりなかったことがわかりました。それが，このところ啓人君に気に入られちょっかいを出されるようになり，仲良しの子との遊びを中断されて，嫌な気持ちになっていたのです。姫乃ちゃんの「どうしてそういうことするの？」という問いに啓人君はうまく答えられません。でも，めげずに姫乃ちゃんの後をついていきます。こんなとき，乳児クラスから一緒に過ごしてきた子どもは，何となく察しがつくのか，それほど気にしないようです。先生たちは啓人君の気持ちを姫乃ちゃんに伝えてきてはいましたが，あともう一歩，姫乃ちゃんが啓人君の面白さをもっと知ることができたら，変わってくるのかなと思ったようです。

　この話し合いを通して，恵先生は，"啓人君の今の状態に合わせた働きかけをして，彼の姿を今まで通り私たちがおもしろいなと感じ，他の子どもにもそれが伝わったらいいな，そんな気持ちで保育していこう"と語っています。今まで自分たちが大切にしてきた保育をあらためて確認し，加奈ちゃんにも思いを馳せます。加奈ちゃんのよいところが見つけ出せたら，そこを周りの子どもにアピールし，彼女の"みんなに注目されたい・認められたい"という思いを実現できるのにな……と。

(9) 加奈ちゃんの新たな面に出会う

　相談員は，加奈ちゃんのよいところは見つかっただろうか，啓人君の面白さは伝わっただろうか……と気になりながら，次の訪問日（4歳児クラス，7月）を迎えました。先生から直君と竜太君，加奈ちゃんのエピソードを聞き，驚きを隠せませんでした。もっと他に面白いエピソードはなかったか，少し欲が出てきて，日誌を読みあさっていると，ありました。

　直君と竜太君，そして操君のグループが相撲を楽しんでいると，参加する子どもが増え，いつのまにかクラスのほぼ全員が相撲をとるようになりました。強豪は加奈ちゃん，直君，竜太君。相談に勝った子どもが次の対戦相手を選ぶルールで，加奈ちゃんは体の小さい梨絵ちゃんを指名しました。余裕で勝てる相手だと思って梨絵ちゃんを選んだものの，いざ彼女を目の前にして迷ったのか，とりくむのを躊躇したのです。何しろ，倍近い体格の差でしたから。このチャンスを梨絵ちゃんはものにして，加奈ちゃんを押し出し，見事勝ったのです。

　その場に居合わせたかった……加奈ちゃんが相手を気遣った決定的瞬間です。目の前にいる子どものことを考える，そんな加奈ちゃんの新たな面に出会うことができました。一方，梨絵ちゃんは，3か月前に入園したばかりで，園生活に慣れていないせいか，あまり自分を表に出さなかったのですが，加奈ちゃんに相撲で勝ったことが自信になり，給食のときに他の子どもと騒いでいる加奈ちゃんを見て，「うるさい」と訴えるようになるなど，気持ちを表現するようになったのです。

　その後，4歳児クラス，8〜12月の相談は，乱暴に振る舞う加奈

ちゃんの姿に、気持ちが落ち込む先生に共感しつつ、加奈ちゃんと他の子どもの印象深いエピソードを取り上げ、子ども一人ひとりにとってその出来事にどのような意味があったのかを考えていきました。なぜなら、それぞれの子どもの理解を積み重ねていくと同時に、直君と竜太君の関係が加奈ちゃんへの新たな働きかけを生み出したように、仲間関係の広がりと深まりを捉えることにつながるからです。先生たちにとっては、自分の実践がどのように息づいているのかを振り返る機会にもなっていました。

(10) 啓人君がクラスのムードメーカーになることを期待する

　加奈ちゃんに続いて、啓人君の話題になると、笑いの連発です。4歳児クラス、9月の相談のときの、遠足のエピソード。目的の公園に到着し、何人かの子どもが木に登り始めたのを見て、啓人君は「せんせい〜"こいのぼり"していいですか？」と一言。恵先生も周りで見ていた子どもも一瞬、「ん？」となり、すかさず先生が「それを言うなら木登りです！」とお笑い芸人のように突っ込みつつ、子どもたちに「啓人君、こいのぼりだって。面白いことを言うね！」と伝えると、みんな大笑いしていたそうです。10月の相談では、運動会の練習が終わり、遊び時間が減って不満をみんなが口にしていたときのエピソードが挙がってきました。啓人君が「今日の運動会、頑張りました！」と爽やかに言うと、それを聞いた子どもたちは、何だか自分たちも頑張ったような気になり、気持ちが切り替わったそうです。

　相談員は、啓人君の醸し出す雰囲気が、子どもたちをつないでいくように感じ、クラスのムードメーカーになる日も近いなと、期待

を募らせました。

(11) 加奈ちゃんの仲間への思いと生き生きする子どもたち

　4歳児クラス，2月の相談日。そろそろ発表会に向け，活動する時期です。相談員は，加奈ちゃんが自分を発揮できるものって何だろう……と，ふと考えていたら園に到着。会うなり副園長が「やったよ。とうとう加奈ちゃんのいいところ，見つけたよ」と興奮気味です。事務室にいた恵先生も「加奈ちゃん，いい味出してますよ！」と嬉しそうにしていて，相談員もワクワクしてきました。

　年度末の発表会に向け，クラスで話し合い，「三枚のお札」という絵本を題材に劇遊びをすることになったそうです。役を決めるとき，加奈ちゃんはすすんで山姥の役を希望。山姥は劇の中では悪者なので，多くの子どもがやりたがりませんでした。先生はそれでいいのかどうか，加奈ちゃんに確認すると，「加奈は，山姥がよいと思う。喧嘩，すぐしちゃうし」と答えたそうです。先生たちは，加奈ちゃんが山姥の役と自分のことを重ねて見ていると思ったら，一瞬切ない気持ちになったのですが，加奈ちゃんの表情を見ると，やる気に満ち，今までの中で一番いい顔をしていたので，その気持ちが消し飛んだとのこと。"加奈ちゃんを伸ばすところはここだ！"と思ったそうです。

　この話を聞いて，居ても立ってもいられない気持ちで，クラスへ向かうと，ちょうど劇の練習をしていました。見てみると，加奈ちゃんは，とても生き生きとした表情です。絶妙な間合いと山姥のセリフ。その迫真の演技に，他の子どもたちがひっぱられ，セリフが次々と出てきます。劇が終わり，自由遊びの時間になっても，加奈

ちゃんと何人かの子どもはその役になりきって，やりとりするのを楽しんでいました。

　話し合いに入る前の休憩時間。劇遊びの様子を思い出していました。

　山姥に襲われ，3枚のお札を持って逃げる小僧さん役に啓人君。慌てて逃げる姿がとてもキュートで守ってあげたくなります。3枚のお札から出てくる，小僧さんを守ろうとする山役に竜太君。同じく川役に直君。加奈ちゃんが啓人君たちを襲おうとするときに，さっと出てきて，「負けないぞ！」と言いながら戦っていました。かっこよく決める姿に惚れ惚れです。

　これまで相談を重ねてきて見えてきた子どもの特徴が，劇を介して，映し出されているかのようでした。個々の持ち味が発揮されることで，一人ひとりが生き生きし，さらにつながっていく……先生たちの思いが子どもたちに伝わったんだなと思うと，目頭が熱くなってきました。

　そして，話し合いの時間。加奈ちゃんはどうしてこの役を選んだのかを話題にしました。彼女の内面的な理解が一層深まると思ったからです。先生たちとやりとりしながら，その心模様をいろいろと考えてみました。山姥はこの劇に欠かせない役で，いなければ劇は成り立ちません。加奈ちゃんは，みんながこの役になるのに躊躇している様子を見て，自分が困っているとき，友だちに助けられたことを思い出し，役に立ちたいと思ったのかもしれません。加奈ちゃん自身が，クラスの子どもたちにとって，山姥のように外せない存在でありたいと願っている，そのようにも受け取れました。加奈ちゃんの中で，クラスの仲間がとても大事な存在になりつつこ

とは確かなようです。明日の劇遊びが楽しみになってきたと先生たちは笑顔で語っていました。

5　巡回相談における豊島区らしさ

　豊島区の巡回相談の特徴である"クラスを対象にした相談"・"月に一度の定期的な相談"について，本書が大切にしている"物語"という視点に立って，考えてみます。

　豊島区では，クラスを対象にしているといっても，初回から全員の子どもについて話し合うわけでもなく，ましてやクラス全体の保育に助言するというわけでもありません。まず，1人ないし2人の相談希望があった子どもを，他の子どもとの関係を通して捉えると同時に，対象児とかかわっている子どもの理解にもつなげようとするのです。そして，回を重ねていき，子どもたちの関係が多彩になればなるほど，そこで登場する子どもたちへの理解が深まっていきます。竜太君と大の仲良しの直君，2人に憧れた操君，自分の持ち味を活かして再び操君とつながった和也君が例として挙げられます。その傍らで，加奈ちゃんと啓人君の相談は独立して話が進んでいきます。もちろん2人とかかわる他の子どもたちの理解も深めていきながら。それぞれの相談は一見バラバラのように見えますが，次第に直君が竜太君を介して加奈ちゃんへのアプローチを変え，啓人君がクラス全体のムードをつくるといったように，それぞれが絡み合うようになってきます。その先に待っていたのが劇遊びです。この活動を通して，相談員と保育者は，思っていた以上に，自分の持ち味を発揮することで，相手も活き活きする関係を子どもたちが培っ

ていたことに気づいていきました。第8章でも述べられているように，クラスという一つの舞台の上で，それぞれの登場人物の独自の物語が複雑に絡み合い，全体を通して見たときに一つの大きな物語になっている，このことを，豊島区の相談員は，クラスを対象にした相談と呼んでいるのです。

　一回一回の相談において，相談員は，対象にあがってきた子どもの思いと，他の子どもとのかかわり合いから見えてきた姿を，保育者の語り・保育日誌・相談員の観察記録から考えていくようにしています。相談が積み重なるにつれ，保育者と同様に，相談員も子どもたちへの思いを募らせていくものです。ときに保育者たちとの間に子どもの見方に違いが出てくることがありますが，それがかえって，自分の視野の狭さに気づき，子どもの新たな側面に近づく方法を考えることにつながります。そして，その先に思いもよらない子どもたちの姿が見えてきてワクワクする……相談員もそうした物語をもって，相談に臨むのです。こうして，子どもたち一人ひとりが過ごしている世界を，保育者と相談員それぞれの物語を絡ませながら描き出し，過去の相談から今を結び，子どもの理解を重ね，次の実践の創造へとつなぐ，この行為を毎月循環させながら，子どもと保育の物語をともに紡いでいく……これが豊島区流の巡回相談です。

6　3人の保育者からの声

（1）巡回相談を通して子どもたちとともに成長する自分を振り返って——由紀先生

①竜太君の立場から考える相談員のつぶやき

　竜太君の多動や衝動的な行動について一通り説明があった後，相談員が「これはつらいね」とそっとつぶやいた言葉が今でも忘れられません。彼に対する見方が一変したからです。

　どうしていつもあんなに慌ただしく動いているのだろう？　次から次へと興味，関心が移っていくのだろう？　そして，何か些細なことにどうして大きな反応を示して，攻撃的になるのだろう？　当時の私は，疑問ばかりで，竜太君がどのような思いで園生活を過ごしているのかまで考える余裕がありませんでした。竜太君の立場になれば，周囲の落ち着かない状況に振り回され，かつ，自分の体がどのように動いているのかわかっていないのに，保育者から「それはいけない」と注意を受けてしまう……これほどつらいことはないなと考えるようになったのです。竜太君のことをよく見て，言葉をかけてみようという気持ちになりました。

　たとえば，おやつの牛乳を配るとき，当番だった竜太君と啓人君。コップには八分目より少し多めの牛乳が入っていました。この牛乳をこぼさず配れるのかな？　まさかこんなにたくさん入っているものを持って走ったりしないだろうかと思っていると，ワゴンの上から勢いよくコップを取り走り出してしまいました。うわぁーやっぱり走ってしまうんだー！　心の中で笑っていました。こぼれた牛乳

を拭きながら「こういうときはゆっくりそ〜っとだよね」と声をかけると，理解した様子。以降，他の場面で慌てそうなときに「竜太君，牛乳持ってるみたいにそ〜っとだよ」と声をかけると，「……！こう？」と言ってそろ〜り……と歩くようになったのです。竜太君のことを見てかかわることが楽しくなったきっかけになりました。

②自分の保育の悩みと向き合いながら，子どもたちとともに成長する

　加奈ちゃんの相談では，職員が全員で話し合いに参加することで，その後の職員会議でも，加奈ちゃんのいい姿が報告されるようになりました。このことがじつは，かえって自分の悩みを深くしながらも，自分自身と向き合い，保育の楽しさをあらためて感じるようになりました。

　この全員参加の話し合いが行われる少し前，私は，加奈ちゃんの乱暴な言動を即座に止めてしまうようなかかわり方を反省し，加奈ちゃんの気持ちによりそい，遊びに，とことん付き合ってみようと試みていました。手ごたえを感じるところもありましたが，加奈ちゃんの度が過ぎたわがままにしか見えない行動にどうしていいのか悩んでいたのです。その後，いろいろな職員が，加奈ちゃんに声を掛け，目を向けて，今まで見ることのできなかった，加奈ちゃんの落ち着いた姿が，出てきました。実際に他クラスの保育者と加奈ちゃんがよい雰囲気でかかわっているのを見ると，逆に自分は，加奈ちゃんのよいところをまったく見つけられない，自分がかかわるとよい方向にならないのでは？と落ち込んでいました。ネガティヴになっていく自分にピリオドを打ちたいのに，どうすればいいのか

なかなか道が見えてきませんでした。

　気がつけば，4歳児クラスに進級し，周りの子どもたちが成長し，自分なりに考えて加奈ちゃんとかかわっていることがわかりました。そのころ，ちょうど相談員が区内の園対象の研修会で講師をしていて，私たちや他園の事例を通して，クラスの子どもたち一人ひとりをつなげていく実践が互いを認め合う集団をつくっていく，ということを話題にしており，私たちはそれを目指して日々を営んでいるだとあらためて感じたのです。園に帰り，子どもたちの姿を再び見て，一人ひとりを丁寧につないでいこう，と先が開けてくるような気がしました。

　巡回相談を通して，子どもたちを，いろいろな角度で理解し，クラスの子ども同士の関係を考え，保育を振り返ることが，今度はこんなふうにやってみよう……！などという，新しい試みへとつながり，保育が楽しくなっていきました。

（2）巡回相談員との関係を振り返って——恵先生

　保育士になったばかりの新人のころ，クラスに障害がある子どもがいて，巡回相談を受けていました。まだ，そのころは今のようなスタイルではなく，年に2・3回の相談でした。先輩保育者は当然のように話し合いに参加していましたが，当時の私は"巡回相談とは何か？""相談員って何をする人なのか？"を学ぶところから始まりました。その印象は，保育者と相談員の関係はフラットなものではなく，相談員が少し上からの目線で子どもを観察していて，私たちの保育を評価しているような気さえしていました。

［相］「ずいぶん成長してきましたよねえ。」

［私］「え？　具体的にどこが？」
［相］「こんな働きかけしてみたらどうでしょう？」
［私］「もうすでにやってるけど上手くいかない」
［相］「このまま様子を見ましょう」
［私］「いつまで？　どこまで様子をみるの⁉」
……じつはこんなことを思いながら巡回相談を受けていたのです。

　ただ漠然とした相談員の回答を聞いて，余計不安になったり，自分自身も経験が少ない若手なのでどこをどう質問していいのかわからず，消化不良のまま話し合いを終え，イライラが残っていたのを覚えています。話し合いの対象児がいないと，相談員と話をするチャンスがなく，しばらく巡回相談から遠ざかっていました。時代は移り変わり，巡回相談の対象が障害児だけでなく，"気になる子"へと間口が広がり，月1回の相談になったことで，クラスの中で「この子ってどうなんだろう？」と感じる子も話題にのぼるようになりました。そういう話のほとんどは，私たちが日々保育していく中での，この子は何でこんなにハートがギザギザしているんだろう？　どう接していけばいいんだろう？という悩みが出発点です。少しだけベテランになってきて，今度は「今までとは違うパターンだぞ……」と違う方向から子どもを見たり接したりするようになってきたものの，今日うまくいった方法が，必ずしも翌日同じようにいくとは限りません。よかれと思った働きかけが，反対にその子の神経を逆なでするような形になり，思わず「まったくもう‼」と言葉に出してしまいたくなります。そんな気持ちを少しずつ相談員に本音でぶつけられるようになってきたのは最近のこと，現在の相談員との出会いが大きかったように思います。

今の相談員は，クラスに入ってくるとき，いい意味で気配を消してくれています。「巡回相談員でございます」という上からのスタンスとは違うのです。さりげなく観察して，何気ない会話をしながらもその対象になっている子の姿をしっかりつかみ「先生たちの悩んでいるのは，こういった点ですか？」と具体的な言葉で出してくれます。すると「そうそう！　そういうことなんです！」とスッと心に落ち，私たちも「わかってもらえた！」という思いが出てきて，また次々にいろいろなことを話したくなっていきます。加奈ちゃんや啓人君のことでは，本音を出す，まさに愚痴を聞いてもらうような感覚でしたが，この子ってそういうところあるよね，と共感してもらったり，ときには私たちが話すエピソードを一緒になってゲラゲラ笑いあって楽しんでくれる姿を見て，相談員が私たちにとても近い存在であることを感じました。そのことで，巡回相談が，かしこまった場ではなく，子どもの話をする楽しい時間になるのです。じつはその一見雑談のような話の中から，子どもの新たな一面や保育のヒントが見つかることがあり，会議のような仰々しい雰囲気でない方が，かえってヒラメキが生まれ，次の保育につながっていきました。

　このクラスの子どもたちとの出会いが縁で，相談員と一緒に保育を振り返ることができました。それまで私が抱いていた相談員へのイメージが変わり，一緒に保育を考える仲間のようで，心強い味方であると，今では感じています。

第1章 保育者とともに子どもと保育の物語を紡ぐ

（3）職員が本音で語り合う園の雰囲気をつくる──多恵子園長
①本音が言えない雰囲気を何とかしたくて……

5年前，私は副園長として，この園に異動してきたころ，保育者たちに力はあるのに，相手を思ってか，遠慮しあって，他クラスの子どもや保育について，意見を交わさないのが気になっていました。日ごろの会話，職員会議などで，これでよいのか，他にも方法があるのか，この子の対応に悩んでいるという話が出てくると，保育者たちは，それを親身になって聞き，毎日大変な思いをしていることに共感し，労いの言葉をかけて終わってしまいます。私が（別の園で）担任をしていたとき，保育者同士で意見がぶつかりあうことは珍しくなく，そこで得ることが多かったのですが，ここの園では，そういう雰囲気がありませんでした。そのことが引っかかっていた私は，ある担任に自分の考えを話してみたのです。「わかりました」と素直に聞き入れていますが，少し戸惑っているようにも見えました。私との関係ができておらず，さらに立場を考えれば，投げかけた言葉に力関係が出てきてしまったのかもしれません。そこで，私は保育者たちとの関係づくりを意識し，子どもたちが事務所に遊びに来ると，その様子を担任に伝え，密に連絡をとり合うように心がけました。もちろん何かあったときは協力を惜しまぬようにしてきました。それでも，まだ本音で語り合うまでにいきません。担任が加奈ちゃんの対応で苦しんでいることが日誌から垣間見え，だんだん子どものよい面が見えなくなり，うまくいかないことの方へつい目がいってしまっていないか心配になりました。こういうとき，他の保育者からの意見が，新たな見方を生み出すことがあるのに，やっぱり共感の言葉だけになってしまいます。

"どうしたら保育者たちが自分の意見を本気で伝えあえる雰囲気になるのだろう"，と悩んだ末，巡回相談を活用することを思いつきました。相談員は，頻繁に，かつ定期的に園へやってくるので，各クラスの担任が保育に悩んだとき，いつでも相談できるという安心感があります。それを土台に，担任と相談員のみで行われていた話し合いを，全員が参加できるようにしてみました。すると，担任から自分たちがしてきた保育や思いを語ると，他の職員が意見をポツリポツリと言うようになり，問題が整理され，どこから手掛けていくかの方針が出てきました。話し合いの後，担任たちが「すっきりした」と表情が明るくなっていたのです。保育の課題が見えてきて，次の見通しがもてたのでしょう。その後の日誌には，早速その子どもに対応してみてどうだったか，周りの子どもたちはどうだったか等，うまくいったことやそうでなかったことも考察として書かれていました。

　その後，巡回相談を積み重ねていくうちに，担任や他の保育者の子どもを見る目が変わっていくのを感じました。たとえば，今までも子どもによりそっていましたが，よりそい方に少し余裕が見られました。加奈ちゃんや竜太くんが友だちとけんかをしても，すぐに仲裁に入るのではなく，少し離れたところから様子をうかがっている担任の姿を見たのです。気がつくと，事務所によく遊びに来ていた加奈ちゃんと竜太くんは，来なくなっていました。私は，2人とも友だちと遊びたい，友だちと一緒のほうが楽しいと思えるほどに成長したのだと，そのときに感じました。

第1章　保育者とともに子どもと保育の物語を紡ぐ

②全員参加の話し合いの効果

　竜太君たちが5歳児クラスにあがり，巡回相談を受けてから2年が経ちました。話し合いの場で，自分の意見を徐々に言えるようになった保育者たち。別のケースでも，他クラスの保育者に意見を言い，どうしていくのかを考えられるようになる場面にとうとう出会うことができました。

　健汰君（4歳児クラス）は，部屋を走り回ったり興奮したり部屋を出て行ってしまう子でした。注意をしても，その内容がまだ理解できないので，その場から出て行ってしまったときは，そこにいる職員が対応するようにしていたのです。ですが，クラスの子どもにとってみれば，どうして健汰君だけいいの？と思っているのではないか，と担任は悩んでいたようで，「周りの子との兼ね合いが気になっている」と言いました。そのとき，5歳児の担任（加奈ちゃんと竜太君のクラス）が「和也くんを見ている周りの子どもたちが成長するよ。助けて―と子どもに言っていいんじゃない？　私のときもそうだったもの」と言ったのです。

　その後も，和也くんが夕方保育（17時以降，3・4・5歳児クラスが合同になる保育）のときに落ち着いて遊べるようにするにはどうしたらよいか，という声が他クラスの保育者から挙がってくると，4歳児の担任と5歳児の担任がさっと話し合い，具体的な方向性を決め，すぐに全職員に伝えました。その結果，和也くんは落ち着いて遊べるようになったのです。

　今まで，力はありながらも保育者同士が遠慮して意見を出せないのかと感じていましたが，ここへきて，他の保育者にアドバイスをする，夕方保育について迅速に案を考え園全体に伝える等，自分た

ちでなんとかしようとする保育者の意欲を感じるようになりました。
　ここまでくるのに5年かかったかもしれませんが，巡回相談での話し合いを通して，保育者の気持ちは大きく変わり，自信が出てきました。そのことで，保育者同士が繋がりあえるようになったと実感しています。私自身も副園長・園長として，子どもと保育者たちから多くを学び，成長させてもらったと思っています。

　　本章を執筆するにあたり，惜しみなく協力してくださった由紀先生・恵先生・多恵子園長に深く感謝申し上げます。また，荒井聡氏には豊島区の巡回相談をとりあげることをご快諾いただくとともに助言をいただきました。心より感謝申し上げます。

〈引用・参考文献〉
荒井聡　2013　具体例で学ぶ保育園での保護者支援　群青社

第2章

保育者と相談員の価値観を通して物語を探る
——八王子市の巡回相談——

飯 野 雄 大

1 観察と検査を通して子どもの姿を立体的に描く

(1) 八王子市の幼稚園巡回相談の流れ

　私がかかわる八王子市の幼稚園巡回相談は，保育者と保護者の申し込みにより一人の子どもに対して年に1回実施されます[1]。継続して毎年のように同じ子の相談依頼がくることはあまりありません。限られた時間の中で，保育者の主訴を聞き，子どもの発達を捉え，保育の中で子どもがよりよく生活するための手立てを保育者と一緒に考えていかねばなりません。

　図2-1は，八王子市の幼稚園巡回相談の案内として，幼稚園向けに作成したものです。右側の「巡回相談当日の流れ」を見てください。午前中から保育観察が始まり，昼食後，発達検査を実施します。その上で，保護者とのカンファレンス（会議形式の相談）と保育者とのカンファレンスを行います。通常の保育場面の観察だけで

---

(1) 保育園の巡回相談は似たような流れで行いますが，保護者とのカンファレンスがないことが大きな違いとなります。

○市幼稚園巡回発達相談のご案内

巡回相談とはなんですか？
○幼稚園で子どもがより良く育つための相談です。
○相談員が園に来て保育を観察します。
○幼稚園の先生と保護者が相談員と一緒に保育について考えます。

どんなときに申し込めますか？
○子どもの保育にアドバイスが欲しいとき。
○子どもの発達を理解したいとき。

相談員はどんな人ですか？
○臨床心理士や臨床発達心理士など，子どもの発達支援を専門とする人たちです。

どのように申し込めばよいですか？
○保護者の方の承諾を頂いた上で，幼稚園から子育て支援課にお申し込みください。

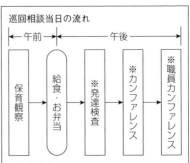

※発達検査
子どもの発達を理解するために，担任の先生が同席の上で，相談員が子どもと1対1で発達検査を行います。

※カンファレンス
幼稚園の先生，保護者の方，相談員が一緒に話し合います。（30分～1時間）

※職員カンファレンス
クラスでの具体的な保育の進め方について幼稚園の先生と相談員が話し合います。

＊相談にかかわる個人情報は厳重に保護されます

図2-1　幼稚園巡回相談当日の流れ

なく，検査を実施し，保護者から直接家庭での様子を聞く機会があるところに大きな特徴があります。

（2）多様な場面を通して子どもの姿を考える

　保育観察では，主訴にもとづいて，問題行動がどんな場所で起こっているのか，どんな活動で起こっているのか，そのときにかかわっている他者は誰なのか，前後の文脈はどうか，そういった視点から，子どもの行動を観察して読み解いていきます。

第2章　保育者と相談員の価値観を通して物語を探る

　また，相談員が観察をした日以外の様子を保育者から聞き取り，家庭での様子を保護者から聞き取り，子どもの姿をできる限り豊かに描けるようにしていきます。そして，子どもと直接かかわることができる検査場面を利用しながら，そこで得られた複合的な情報を元に，子どもの行動の背景や，発達的特徴についての仮説を立てていきます。その仮説について，保育者とカンファレンスを行い，子どもの特徴や保育での対応を考えていくことになります。八王子市の巡回相談は，通常の保育場面と検査場面といった，異なった子どもの姿を観察できるからこそ，保育者とそれをどのように共有するかが重要といえます。いくつもの姿をうまく織り交ぜながら子どもの謎に迫っていくことに，この巡回相談の意義があります。

　重要な場面の一つである発達検査は，子どもの発達で見られる得意なところや不得意なところを明らかにするものです。検査結果があると，それで子どものことを理解した気になってしまうことがあります。しかし，検査場面の姿は「ほんとうの子どもの姿」ではなく，あくまでその子の一つの側面です。子どもにとって検査場面は特殊な場であり，園や家庭で見せる姿の方が日常の姿に近いと言えます。もちろん，特殊な場だからこそ見えてくるものもあります。そのため，相談員は検査という場面で観察される姿や検査結果だけから子どもを解釈するのではなく，様々な情報を組み合わせて保育者とともに子どもの姿を描いていく必要があります。

　そこで本章では，巡回相談で行う観察と検査を通して子どもを描いていくプロセスに焦点を当てます。回数が限られながらも，多様な場面を通して保育者とともに子どもの物語に迫っていく巡回相談を描きたいと思います。保護者とのカンファレンスについては第3

章を参照してください。

2　絵が苦手で集団に参加しようとしない雅人君の相談

(1) 事前の情報から考える子ども像

　相談員である私は2学期の中ごろにある幼稚園に巡回相談に出向きました。相談の対象は,「はじめての集団遊びに入らない」「絵を描くことを嫌がる」と保育者が気にしている年中クラスの雅人君（5歳）でした。

　雅人君は, はじめての活動に入らなかったり, 動きが遅かったり, 友だちとのトラブルで何もいえずに固まってしまったりする子で, そういった点を保育者は気にしていました。また, 年中になってから, ぼーっとしていたり, 固まってしまったりすることが増えたとのことでした。保育者は, 年中になって保育活動の中で「わからない」ことが増えてきたために, 固まってしまうのではないか, 集団での指示を理解することができていないのではないか, そんなふうに感じていました。保護者は, 絵を描くことを嫌がることが気になっていて, とくにその部分を相談したいと, 巡回相談を希望していました。

　八王子市の巡回相談は, 保護者からの希望をもとに申し込みが始まります。特定の子どもを対象として実施されるため, 一人の子どもについて事前に保護者と保育者にこれまでの様子を書いてもらいます。相談員はその情報を把握した上で, 保育活動を観察したり, 検査を実施したりします。

　私は集団の指示がわからない様子や, 絵が苦手という事前の情報

第2章　保育者と相談員の価値観を通して物語を探る

から，雅人君には言語理解や視覚認知に課題があり，そこをしっかり見ていく必要があるではないかと感じていました。

（2）検査場面で描かれた絵

　そんな雅人君が，検査場面で図2-2のような絵を描きました。
　この絵は何が描かれたものかわかりますか？
　この絵を描いた5歳の雅人君のことをどんなふうに想像するでしょうか？
　当初のイメージ通り，「絵が苦手な子なのかな」「文字を書けるのか心配」，そんなふうに感じるのではないかなと思います。保育者と保護者も，絵を描くことが苦手なため，小学校に入って字が書けるかどうか心配だという気持ちが強くあったようです。この絵を見て，発達検査で視覚認知（形の弁別）や，手先のコントロール（目と手の協応）などをアセスメントし，トレーニングにつなげていく

図2-2　雅人君の絵

（専門機関につなげる）ことの必要性を強く感じるのではないかと思います。最近広がってきたヴィジョントレーニングということを思いつく人もいるかもしれません。

　この絵をどのように考えるかは、まさにその人が子どもの発達を捉える視点によります。しかしそのとき、この絵だけを見るのか、この絵が描かれたエピソードを見るのかで、捉え方が変わってくるものだと思います。ですから、結論を出すのは少し待っていただいて、この絵が描かれたエピソードをもう少し詳しく見てみたいと思います。

3　検査場面での虫の絵をめぐる雅人君の物語

（1）相談員の描いてほしい想いをめぐるやりとり

　この絵が描かれたのは巡回相談で発達検査を実施しているときでした。雅人君は、発達検査に対して嫌がることもなく、課題によっては笑顔を見せてくれながら、スムーズに取り組んでくれました。全体の検査結果からは、明確な発達の遅れは見られませんでした。しかし、少し難しい言葉の課題では、あまり考える様子もなくすぐに「わからない」と答える姿が印象的でした。

　検査課題の一つである図形模写など描くことに関係する課題へは拒否を示しました。拒否する姿から、描くことに対して苦手意識があることが推測できました。しかし、私としては保育者から「絵が苦手」ということを聞いていたため、『嫌がるかもしれないけれど、何でもいいから描いてほしいな』と思っていました。そこで雅人君に対して、『最後に、絵を描いてよ、好きな絵でいいよ』と声をか

けました。しかし，動きを止めてしまい何も描いてくれませんでした。

　私は，担任の先生から雅人君は虫好きであると聞いていました。また，保育観察中にも雅人君が友だちと虫の話をしていたり，虫かごを何度も見に行くなど虫に対する反応がとてもよかったりしたのを思い出し，こんなふうに切り出しました。『虫が好きなんだよね。先生も虫が好きだったんだ。虫の絵を描いて交換しようよ！』。

　そう言って，私は紙にノコギリクワガタを描きました。絵が完成するかしないかのときに『何の虫だと思う？』と何気なく声をかけると，「ノコギリクワガタ」と答えを言ってくれました。

　その後も，私が描くトンボやカブトムシを見ながら，虫の名前をあてっこしたり，好きな虫の話を聞いたりしました。そんな中，雅人君は絵を描く気持ちになってくれたようで，鉛筆を持ち描きはじめようとしました。しばらく鉛筆を持ったまま止まっていましたが，少しするとゆっくりと描きはじめました。そのとき，ちょうど私が，自分が描いた絵を片づけると，雅人君はまた止まってしまいました。

　その様子を見ていた担任の先生がその後のカンファレンスで「先生，（絵を）隠しましたね。そうしたら（雅人君が）困っていましたね」と教えてくれました。私は，まったく意識していなかったのですが，どうやら，雅人君は私の絵を真似して描こうとしていたようです。真似するものがなくなってしまった雅人君は，困ってしまったようでしたが，それでもしばらくして描きはじめてくれました。そこで描かれたのが図2-2の絵です。

(2) エピソードを通して絵を理解する

　この絵が描かれたとき，正直なところ，これが何の絵なのか，私はわかりませんでした。『何の虫かなぁ』と悩みました。困ってしまった私は，『何の虫か聞いたら，嫌な気持ちになってしまうかな』と少し不安になりながらも『先生，降参。何の虫？』と雅人君に尋ねました。すると，不安そうな表情のままぽつりと「カマキリ」と教えてくれました。そう言われてみれば，たしかにカマキリのように見えます。私が，『これがカマでしょ！』と確認すると少し表情が緩み，嬉しそうに頷いてくれます。私はなんとなく，一見描き損じのように見える部分にも意味があるのかなと感じました。『これはもしかして虫が飛んでいるの？　カマキリが狙っているのかな？』と尋ねると，今まで不安そうだった表情がパッと明るくなり「そうだよ」と答えてくれました。この瞬間，カチッと気持ちが合ったような気がしました。当初はよくわからない絵だったものが，「カマキリが虫を狙ってカマを構えている」という豊かなイメージが伝わってくる絵になりました。

　検査に対して，嫌がるそぶりもなく応じてくれていたのですが，この瞬間の表情と比べると淡々と取り組んでいたのではないかと気づかされました。雅人君は，不安な気持ちで検査に取り組んでいたのかもしれません。「わからない」とすぐ答えていたのも，じっくり考えて挑戦しようという気持ちがなかなかもてなかったからかもしれません。虫をきっかけとして，子どもの新たな一面に気づかされたエピソードでした。

　このやりとりは，私と雅人君の虫への関心が思いのほか一致したエピソードと言えます。保育者によると，クラスの中では，いつも

絵を見せたがらず,隠してしまったり,そもそも描かなかったりするとのことでした。集団の場面では,クラスのみんなや保育者の視線が気になってしまうのかもしれません。今回は,1対1の場面だったからこそ,そしてたまたま絵と虫が組み合わさったからこそ見られたエピソードだったと言えそうです。このエピソードを通して雅人君の絵を考えると,先ほどとは違った理解の仕方ができるように思います。

4 偶然から子どもの新たな一面を発見する

(1) 結果だけでなく物語で捉える

　事前の情報から相談員は,目と手の協応などの視覚認知の問題や想像力(イメージ)の弱さが雅人君にあるのではないかと仮説を立てていました。しかし,検査場面で模写をしてくれないことに困った相談員の提案から,雅人君がもっている虫に対する豊かなイメージが伝わってくる場面と出会うことができました。

　八王子市の巡回相談で実施している検査は,新版K式発達検査2001です。この検査は,遊びのような雰囲気で,柔軟に子どもの行動を観察することができます(川畑ほか,2005;飯野,2009)。巡回相談の検査は,数値を出して子どもを診断したり序列化したりすることが目的ではありません。もちろん,マニュアルを理解し,手続きを守っていくことは必要ですが,状況に応じて,子どもの反応をより引き出すように相談員が独自に工夫することができます。臨機応変に子どもから物語を引き出すように実施することもできるのです。今回はその結果として,雅人君の意外な一面を発見することが

できたのです。

　もちろん雅人君の，運筆や模写の苦手さは，丁寧に考えていかなければいけない問題です。しかし，それだけでなく，雅人君のイメージの豊かさを理解し，雅人君が感じているであろう「描きたい絵のイメージとそれを表現できない自分とのギャップ」にも注目する必要があるのではと考えなければなりません。

　絵を描くことは，うまい，へたが見えやすいものです。また自分がイメージした通りに描けるかどうか，不安になる子もいます。巡回相談で絵の活動を見ていると，相談員に見えないように絵を描く子や，見ようとすると絵を隠そうとする子に出会うことがあります。絵を見られて誰かと比較されて評価されることが嫌だったり，自分が思ったような絵が描けなくて見せたくなかったりと，子どもの不安や自信のなさが垣間見えることがあります。

　子どもをアセスメントするとき，何か（絵や検査）の結果だけでなく，そこでどのようなやりとりがなされたのか，それを捉えることが，その子の物語を描くきっかけとなります。今回のように，普通だったら出会うことのない相談員との出会いが，その子の新しい物語をつくりだすこともあるかもしれません。物語の視点をもつと，雅人君のイメージは「絵を描くことが苦手な子」というものから「豊かなイメージがあって，描きたいけどそれを上手く描けない，そのために自信がなくなっていてますます絵を描くことが苦手になってしまった子」というイメージへと広がります。また，そのときに，相談員の視点だけではなく，保育者がその場面をどのように見たのかを含めると，より多面的に物語が描かれます。たとえば，カンファレンスで保育者が「先生，絵を隠しましたね」と話してくれ

第2章　保育者と相談員の価値観を通して物語を探る

たことにより，雅人君なりにその場を何とかのりこえようとしていた気持ちが理解でき，「相手の要求を理解して，それに一生懸命応じようとする子」という捉え方もできるようになります。

そして，自分が表現したいことをうまく表現できない，それが他者にわかってもらえないという感覚から，自信をもって絵を描く気持ちをもちにくいのかもしれません。そのような特徴がわからないまま，そういった点に配慮せずに，絵を描くことを強く勧めたり，運筆や書字のトレーニングを始めようとしたりすると，うまくいかないことの方が多いように思います。

（2）イメージを共有することの重要性

このように，雅人君の物語を多面的に描いていくと，雅人君が内に秘めているイメージを引き出していってあげること，そのイメージを共有して理解していってあげることが保育活動の中で行われることの重要性が浮かび上がってきます。そういった取り組みによって，雅人君の安心につながり，失敗を気にせず自由に絵を描いたり，自信をもって話ができたりし，その結果として，描く力やコミュニケーションの力が育っていくのではないか，そんなふうに支援の方向性が定まってきます。

雅人君に対するイメージが広がったのは，たまたま私と雅人君が虫への関心を通してつながったためです。しかし，それは相談員のかかわりだけで導き出されたのではありません。雅人君が虫好きだという事前の情報や，保育活動の中で虫を巡っての活動を観察できたこと，担任の先生に，相談員が無意識に絵を隠したときの雅人君の反応を教えてもらえたことが重要でした。保育者がもともともっ

ていた雅人君に対するイメージと，様々な場面から相談員が得た情報を重ね合わせたり対比させたりして，地図を描くように子どもの謎を保育者と相談員がともに探っていくことによって出てきたものです。

5　保育者によりそいながら子どもの物語を再編する

　雅人君に対して保育者が気になっていたことは「慎重すぎて，はじめての集団遊びに入らない」「絵を描くことを嫌がる」「話すことが上手ではない」といったことでした。雅人君は，「慎重な子」と保育者から捉えられていました。ただ，保育者が感じていた「慎重」ということを問題として取り扱うかどうかは，その慎重さの背景を考えていかないと判断できないことです。

　保育者は，言葉での指示がうまく理解できなかったり，集団の動きや動作をうまく真似できなかったりし，「理解できないこと」からスムーズに動くことができず，結果的に「慎重」になってしまっているのではないかと仮説を立てていました。

　事前の情報から相談員も，指示を理解する力に注目して保育観察をしていました。しかし，検査の結果からは，得意ではないにしても，言語発達の遅れは見られませんでした。そして検査場面での虫の絵を通じてのやりとりなどから，豊かなイメージをもっていることがわかりました。しかし，その一方で，絵をなかなか描きださなかったり，相談員の絵を真似ようとしたりすることからは，雅人君の自信のなさや不安が伝わってきました。

　「虫の絵を自分の思った通りに描くことができない」。そういった，

自分のイメージしたことがその通りにできない気持ちが続くと、「わかってもらえるのかな」と不安を感じやすくなり、自信をもちにくくなります。そういった気持ちから行動する様子が、周囲の大人からは「慎重」と見える可能性があります。この自信のなさという視点をもって保育場面を見ていくことが、雅人君を理解することにつながるのではと考えられました。

　当初もっていた雅人君に対する仮説は、いくつもの情報によって、臨機応変に書き換えられていきます。保育者の視点と相談員の視点が折り重なりながら、子どもの物語を再編していくことになります。この新たな仮説を、再度、子どもの姿に当てはめながらより妥当性が高い仮説へと探っていくことが必要です。そこで次に、保育者の主訴と検査場面での視点を踏まえながら、雅人君のその日の様子を振り返ってみたいと思います。

6　クラスの関係性から生まれる物語

（1）理解しているからこそ「イヤと言わない」

　日中の保育活動でこんな場面がありました。お集まりで、雅人君はしっかり座ってお話を聞いていました。しばらくして、遅れて部屋に入ってきた信二君が雅人君の隣に座りました。信二君は、きょろきょろとまわりを見回して、雅人君の腕を笑いながらギュッとつかみました。雅人君は、嫌そうな顔をしながらも何も言わずに我慢していました。

　この場面だけを見ると、うまくコミュニケーションをとることができなかったり、自己主張ができなかったりするのではないかと考

えられます。しかし別の場面では，自分が採ってきたバッタに，クラスメイトの亮君が水をかけようとすると「ダメ！」と強く制止していました。けっして自己主張ができないわけではないようです。

担任の先生にカンファレンスで話を聞くと，「そういえば，信二君に対して，雅人君はイヤとは言わないかもしれません」そんな話が出てきました。信二君はいつも落ち着きのない子で，クラスの子どもたちからもなんとなく敬遠されているところがある子でした。あの場面でイヤと強く言ってしまうと，信二君はもっと落ち着かなくなってしまうことがあるそうでした。

この話と合わせて考えると，雅人君は自己主張ができないわけではなく，相手を見て判断していると言えそうです。「この子にイヤと言うとどうなるのかな」と予測して，「イヤ」と言わないのだと理解することができます。相手を見て対応を変えることができるということは，それだけ状況を理解し，クラスの人間関係を感じ取っていると考える方が妥当だと言えます。

（2）雅人君の「ちゃんとしたい」気持ち

次のエピソードもクラスの友だちとの関係で出てきたものです。雅人君と亮君と純君は3人で園庭に虫探しにでかけました。この3人はよく虫探しをしていて，虫を通じた仲良し関係とのことでした。年長クラスの畑があり，そこにトマトがなっていました。純君が，他のクラスのトマトを触ると，トマトが落ちてしまいました。

亮君が先生に言いにいかなきゃと言い出すのですが，純君はなかなか動こうとしません。亮君は「行かなきゃだめだよー」と，声をあげます。純君が暗い表情をして，うつむいたままでいると，雅人

君は純君の手を優しくとって,「一緒に行こう」と言いました。2人は一緒に先生のところへ,事の次第を報告へ行きました。「行かなきゃだめだよ」と言っていた亮君はいつのまにかいなくなっていました。

　このエピソードからは,雅人君の優しさが感じ取れます。雅人君は状況を読んで,友だちを励ましながら,上手によりそっていきます。この友だちを助けるエピソードは,雅人君の「意外な」エピソードとして保育者に受け取られました。慎重で固まってしまうというイメージとはそぐわないほど,上手に友だちを誘って先生の所へ行くことを促し,励ましていたからです。

　雅人君が誰に対してもこんなことができるようには思えませんでした。どうして純君に対してはできたのでしょうか。保育者とその点について話をしていくうちに,この3人組の虫好きという共通点が語られました。もしかしたら,「虫」という共通の興味をもつ純君や亮君には安心して自己主張ができるのかもしれません。

　また,このエピソードを,別の視点で見ることもできます。友だちの失敗状況に対して,そこから逃げたりせず,ごまかそうともせず,なんとかしなければならない,という雅人君の気持ちを感じることができます。状況を察して,「こうしなければならない」と強く思うことは雅人君のちゃんとしたい気持ちの強さと言ってもいいかもしれません。

　具体的な言葉や行動ですぐに見えてこなくても,雅人君はちゃんとしたい気持ちをもっていて,自分なりに「こうしたい」「ああしたい」「こんなことがしたい」というイメージがあって,そこに向けて頑張ろうとする子なのだと考えることができます。また,周囲

から求められていることに一生懸命応えようとする子とも言えそうです。

　そんな気持ちを強くもっている子が，思った通りに絵をかけなかったり，思った通りに表現できなかったりすると，どんな気持ちになるでしょうか。自分ができるか・できないかを気にし，描画をはじめとした評価が見えやすい活動にうまく取り組めず，絵を描かなかったり，絵を隠そうとしたりするのではないでしょうか。

（3）子どもの全体像を描きながら支援を考える

　この2つの保育場面を見たとき，「自己主張ができるときとできないときがある子」「友だちに意見を言いながらも助ける子」というイメージを雅人君にももちました。このイメージに，検査の結果や検査場面での虫をめぐるやりとりを織り交ぜていくと，「豊かなイメージがあるが，それをうまく表現できない子」「クラスの人間関係に敏感な子」「ちゃんとしたい気持ちがある子」という見え方が付け加えられていきます。どのイメージが正しいのかを考えるのではなく，いくつものイメージを統合して，雅人君の気持ちや，発達的な特徴へ迫っていきます。

　このように子どもの多面的なイメージを描きながら，支援の手立てや配慮の仕方を考えていけば，「描くことの問題があるからトレーニングをしよう」などと支援の方向性を単純に決定することにはなりません。個別の療育や書字へのフォローという選択肢を出しながらも，子どもの全体像を描いた上で，保育でどこまでできるか，子どもにとっての優先順位を出し，まず何を支援するのかをその選択肢から選んでいくことができます。そして，その優先順位を考え

るときには，クラスの状況や支援をするために利用可能な資源が影響するだけでなく，保育者の価値観が重要になってきます。

7 価値観が支援を方向づける

(1) 保育者・保護者・相談員それぞれの価値観

雅人君の絵の様子から保育者は「もうすぐ小学校だし，(書くことが) 心配だと思ったんです」と話をしてくれました。それは学校という場が近づいてくる中での保育者の焦りだったのかもしれません。保育活動でも絵を描く時間を増やす必要があるのではと考えていました。そのため，相談員から書字につながるような具体的な支援方法を聞きたいという希望があったようです。場合によっては就学相談や専門機関につなげたいという気持ちも保育者にはありました。

その背景には，学校（教科学習）へスムーズにつながってほしいという想いがあるように思われます。学習というものを重要視する価値観から出た想いと言えます。これは保育者に限らず，親にも共通する価値観でした。

このような価値観によって，子どもの捉え方が変わっていきます。ある行動を見たとしても，その行動を深刻な問題として捉える保育者とそれほど深刻には捉えない保育者がいます。

今回の相談は，保育者，保護者がともに就学後の様子をイメージできるからこそ，書字の問題を強く感じていたのです。そういった学習の重要性を否定するつもりはありません。実際に，雅人君は書字で苦労する可能性が高いと考える方が妥当でしょう。しかし，書

字の上達という価値観だけで子どもを捉えることにより、それがうまく進んでいかないとき、子どもだけでなく周囲の関係者も辛い気持ちになっていきます。

　一方で、子どもの発想やその子のユニークさを重要視するのも一つの価値観と言えるかもしれません。ここで勘違いしないでいただきたいのは、「表現できないけどイメージが豊かだから大丈夫」と言いたいわけではないのです。「描くことが苦手な子」と単純なイメージだけで捉えることをせず、「描くことは苦手だけれども、表現したいイメージは豊かな子」と広いイメージをもつことを主張したいのです。気になることがあってそのことを一人で考えていると、そのことが中心となってしまい、幅広くものごとを見ることが難しくなることはよくあります。そのときに、他者の視点を借りながら、それだけにこだわってしまうことなく、多角的に問題を考える必要性があるのです。

　事前に書いてもらう状況報告書には、保育者の価値観が見え隠れします。保育者が子どもの行動を、どのくらい深刻に扱うか、子どものどういった点に注目しているのか、どういったことを大切に考えているのかによって子どもをどう書くかが変わってくるからです。保育者個人の経験や理念、子ども観といった保育者がもっている価値観がそこには反映されています。もちろんそれだけでなく、クラス集団の特徴や園の方針によっても変化し、互いに影響し合います。

　そして、相談員にもその価値観があります。巡回相談員が行うアセスメントの多くは、発達心理学や教育心理学などの科学的な知見から導き出されるものです。発達検査や知能検査は、まさに子どもを見る物差しです。子どもを数値で表したり、序列化したり、そう

いった装置でもあります。科学的な視点をもちながらも，その視点を現場の状況に合わせて，どう考え，どう伝えるのかは相談員によって異なるはずです。目の前の子どもの何を大切にし，どのようにかかわっていくのかを決めていくときには，科学的な視点だけでなく，子どもにかかわる相談員の想いや願いも関係してきます。発達心理学を背景とする人，臨床心理学を背景とする人など，その人が学んできたものやかかわってきた現場の経験によって，その人なりの価値観が形成されていき，捉え方は変わっていきます。

　こういった，相談員の価値観と保育者の価値観との相違から，それぞれが子どもを異なった形で捉え，子どもの物語を多様に描いていくことが巡回相談の一つの目的です。いってみれば，子どもの物語を筋立て，方向性を決めている価値観を客観視し，それぞれの異なる価値観を互いに織り交ぜながら進めていくのです。

（2）支援のストーリーを共有していく

　この巡回相談では，保護者と保育者とともに，書字に関する苦手さを共有した上で，イメージの豊かさとのギャップからくる自信のなさを優先度の高い問題として提案しました。そして，雅人君の自己肯定感に配慮したかかわりを一緒に考えました。

　たとえば，保育者から，「雅人君は描きたいものがあるっていうことがわかりました」という発言があり，そこから，雅人君の描いた絵をわかろうとする姿勢や，描いた絵を受け入れるような姿勢を見せることが，雅人君の安心感につながるのではないかと話し合われました。

　そういった取り組みから，雅人君がもっと自信をもって活動でき

ることが増え，失敗をそれほど気にせず挑戦できるようになっていくことが最初のステップとして考えられました。そういった取り組みが進んでいく中で，必要に応じたトレーニングへと進んでいく可能性についても話し合われました。

　もちろん，当初の保育者の願いは無視できるものではありませんし，書字に関する心配がなくなったわけではありません。それこそ相談員の価値観にもとづいた思い込みで「トレーニングはまだ必要ない」と単純にいったとき，もしかしたら専門家の意見として受け入れられてしまうかもしれません。しかし，そう指摘するのではなく，必要かどうか，必要なタイミングはいつかといったことをどのように判断していくのかを，多様な見方を出し合って検討し，妥当性が高いものを選んでいかねばなりません。

　今回の相談の中では，今後，書字の問題が表面化する可能性も同時に考えながら，保育の中でまず優先的に考える必要があるのは自己肯定感の育ちであると考えられました。そして，本人の描きたい（書きたい）気持ちを育てていく中で，本人に上手くなりたいという意識が出てきたときが，書字のトレーニングや療育へとよい形でつながっていけるタイミングなのではないかと，判断の目安を確認し合いました。そういった段階的な支援のストーリーを共有していくことまでが，限られた回数の巡回相談でできることです。

8　保育者と相談員が価値観を振り返りながら物語に出会う

(1) 相談員の価値観を自覚することの意義

　さて，今回の事例は，相談員が雅人君の豊かなイメージに気づき，

共有していくことにより，雅人君の姿が多面的に描かれ，支援の方針が広がっていったケースと言えます。相談員が提案した捉え方を，保育者に受け入れてもらう形になりました。しかし，巡回相談をしていて感じるのは，むしろそういった子どもとの何気ないやりとりや好みなどを知っているのは保育者のほうであることが多いということです。それは，子どもと接する時間が圧倒的に多いからです。

また，保育に責任をもつ主体は保育者であるからこそ，そこで行われる保育実践には保育者の願いや想いが反映されます。そのため，保育者が子どものことをどのように捉えているのかを，丁寧に聞き取り，相談員がもつ視点から掘り下げていくことで，子どもの物語に迫っていけるのだと思います。そのように巡回相談のあり方を考えていくと，相談員として自覚しておかねばならない課題が多いように感じます。

私自身の巡回相談を振り返ってみると，個の発達の弱い部分を明らかにし，療育やトレーニングへとつなげていくような考えをもつことが多いように思います。発達心理学を基盤とすると「個の発達を支援する」という考え方は重要な意味をもつからです。また，私自身が療育を行っており，ソーシャルスキルトレーニングや言語訓練，手先のリハビリが効果的に子どもたちの育ちを促していく例をたくさん知っているためでもあります。今回も虫のエピソードがなければ，療育やトレーニングを強く勧めていたように思います。

ここで問題提起しておきたいのは，相談員が訓練志向をもって子どもをアセスメントしていくと，それがあたかも「正解」として保育者に捉えられ，保育実践の中で展開する多種多様な活動や，子ども同士のやりとりや，保育者の情緒的な働きかけを阻害する可能性

があるということです。雅人君で言えば、単純に療育やトレーニングの方法を伝えていき、保育者がそれを実践したとき、(うまくいく可能性もあるとは思いますが、)保育活動への自信がもちにくくなってしまい、他の活動に支障をおよぼしたり、最終的に子どもが幼稚園に行きたがらなくなったりと、二次的な問題へと発展する可能性も考えておかねばならないでしょう。

　相談員自身も、保育者の価値観に方向づけられる物語へ意識を向け、それぞれが協同的に子どもの物語を考えていけるように、自らの価値観をたえず振り返り、自覚していく必要があるように思います。

(2) 自身の価値観や他者の価値観と対話する

　子どもの物語について考えていくためには、保育者や相談員は自身の価値観との対話を行うことが必要です。それぞれの価値観を振り返り、子どもの物語とすり合わせていきながら、再構成していくことが、子どものニーズによりそった支援をするための前提となります。通常、保育者は巡回相談以外の様々な場面で子どものことを考えたり、それを保育者同士で話し合ったりし、意識的にせよ、無意識的にせよ、そうやって子どもの理解を深めていっているように思われます。

　しかし、巡回相談で挙げられるいわゆる「気になる子」は保育や集団をめぐる価値観から外れていく子だと言えます。「4歳の子は普通これぐらいできる」「5歳の子はこうあるべきである」そういった子ども観を容易に超えて、ときには困った行動を、ときにはユニークで面白い行動をしてくれます。そういった子の未来(目標)

を視野に入れながら，現在の状態を子どもの視点にたって理解し，その子の姿をポジティブに描いていくことこそが子どもの物語を考えていくことになるのだと思います。

そのために，巡回相談の相談員は発達心理学などをもとにして，保育者と対話をしていくことになります。保育者と相談員がもつそれぞれの価値観を可視化していき，その上で，子どもによりそった新たな価値観を構築し，子どもの物語を筋立てていく営みが，巡回相談と言えるのかもしれません。

〈引用・参考文献〉

飯野雄大　2009　巡回相談と新版K式発達検査2001　浜谷直人（編著）　発達障害児・気になる子の巡回相談——すべての子どもが「参加」する保育へ　ミネルヴァ書房　pp. 192-193.

川畑隆・菅野道英・大島剛・宮井研治・笹川宏樹・梁川惠・伏見真里子・衣斐哲臣　2005　発達相談と援助——新版K式発達検査2001を用いた心理臨床　ミネルヴァ書房

第3章

保護者の物語から保育者との連携が見えてくる
—— 八王子市の巡回相談 ——

芦 澤 清 音

1　巡回相談を保護者の視点から捉え直す

(1) 保護者の同意をめぐる問題

　巡回相談当日，園長が開口一番，「本当は，A君よりB君を見てもらいたかったのですが，B君の保護者からの同意がもらえなくて」と残念そうに話されることがあります。もちろん予定通りA君の相談をするのですが，A君の保育を考えることが，同じクラスのB君の理解や，クラス全体の保育のあり方を考える機会になればよいなと思いながら園の先生方と意見交換をし，相談を進めるようにしています。

　東京の郊外にある八王子市では，第2章でも述べられているように，保育園巡回相談とともに幼稚園巡回相談を行っています。どちらの巡回相談にも発達検査が組み込まれていることもあり，巡回相談を実施する際には，保育園も幼稚園も同様に，必ず保護者の同意を得ることになっています。この手続きが，園にとっては，高いハードルになることがあるようです。保護者とどう連携をとっていくかが大きな課題になっていることがわかります。

（2）幼稚園巡回相談における保護者カンファレンス

　八王子市における幼稚園に対する巡回相談は，比較的新しい事業で，2002（平成14）年に始まりました。その背景の一つとして，幼稚園でも，いわゆる「気になる子」が増えてきたことが挙げられます。子どもを乳児期から保育する保育園とは違い，幼稚園では，発達の特徴が目立ち始める3歳児のときに入園するのが一般的です。また，入園の可否は幼稚園が決定するため，これまでは，入園時の面接で，多動などの行動特徴が顕著に見られ，入園後の集団の生活に何らかの困難が予想される子どもは，園の方針にもよりますが，入園を断られるケースは珍しいことではありませんでした。しかし，少子化により，園児の獲得が難しくなってきた現状などを背景に，入園時に多少気になる点があったとしても，そのまま入園することが増えてきました。そして，今では，幼稚園においても，クラスの中にいわゆる気になる子が複数いることが珍しいことではなくなりました。また，幼稚園は一人担任の場合が多いため，若い保育者が，多様な子どもがいるクラスの運営から保護者の対応までを一人で担い，孤軍奮闘している場合が少なくありません。

　そのような保育現場の現状を目の当たりにして，幼稚園巡回相談では，保育者がその負担感を軽減し，保育が楽しいと思えるように支援していくことを大事にしています。保育者の負担感を重くしている事柄の一つに保護者との関係づくりがあります。そのため，巡回相談では，保護者とのカンファレンスを取り入れ，園と保護者が理解を深められるようなシステムを取り入れています。

　八王子市の幼稚園巡回相談の流れはすでに第2章で紹介していますので繰り返しになりますが，午前に保育観察，午後に発達検査，

その後に，カンファレンスが2回あります。最初のカンファレンスは，保護者と保育者および相談員による三者のカンファレンスで，2回目は，園の職員と相談員によるカンファレンスです。1回目の保護者が参加するカンファレンスでは，園側から担任のみが出席する場合もあれば，園長や主任が担任と同席することもあります。このカンファレンスは，保護者との関係づくり，および，子どもをより深く多面的に理解することを目的としています。ちなみに，2回目のカンファレンスには，保護者は参加せず，担任，園長他できる限りの保育者が参加し，園内カンファレンスの形態をとります。

(3) 保育者の見方

ところで，「保護者に話が通じない，うまく伝わらない」という保育者の声を耳にすることがあります。園での子どもの様子を伝えても，保護者になかなか理解してもらえないということです。あるいは，発達上の問題を保護者が認めようとしないと言い換えてもよいかもしれません。冒頭に述べたように，幼稚園巡回相談を受けるのに保護者の了解を得ることが高いハードルになっているということとも重なります。

このように，発達上の困難を抱えているのではないかと感じる子どもの保護者に園側の見方を伝えることは，デリケートな話題として保育者の頭を悩ませます。そして，意を決して保護者に伝えたとき，保育者の言葉を聞いてすぐに子どものことを心配し，積極的に療育を受けたり，相談機関に相談に行くなどの行動をとる保護者に対して保育者は，「理解のある保護者」と高く評価します。そして，自分の思いが保護者に通じ，連携が取れたと感じます。

一方，拒否的な態度を示す保護者に対しては，子どもを理解しようとしない「わからず屋」あるいは，「難しい親」という評価が下されます。保育者が，保育に困難を感じる度合いが高ければ高いほど，拒否的な保護者への評価は厳しくなります。

　その背景として，保育者の白黒はっきりさせたいという思いと，はっきりすれば，保育の仕方がわかるに違いないという思いがあるようです。後者については，子どもの行動は，その子が置かれている環境に応じて固有に表現されるものですから，保護者が認めれば解決するというのは幻想に過ぎません。大事なのは，子どもの診断の有無にかかわらず，子どもがなぜそのような行動をするのか，行動の背景に隠された子どものメッセージを理解しようとすることです。子どもの言葉にならないメッセージに気づき，それに心を寄せることができれば，保育自体が変わっていくはずです。

　また，早期対応が大事だという保育者の思いもあるでしょう。早期発見・早期療育という言葉は，保育現場にも浸透していて，他の子どもたちとの違いに気づいたらできるだけ早く専門機関につないで専門的な対応を受けられるようにすることが保育者の役割であり，何もしないことは保育者としての怠慢であると考えてしまうのではないかと感じています。その是非については，本章のテーマからはずれるのでこのくらいにしておきます。

　さて，そのような保育者の思いが強ければ強いほど，焦る気持ちが保護者に伝わり，保護者の態度が頑なになります。そのような経験をした保育者は少なくないと思います。

　保育者の思い，言い換えると，保育者の正義を一方的に押し付けるだけでは，連携は生まれません。

第3章　保護者の物語から保育者との連携が見えてくる

　保護者と保育者の連携とは、立場の違いを尊重しつつ、双方の思いを確かめ合い、さらに思いを出し合いながら、子どもにとってよりよい方法を模索してくことではないでしょうか。そのために、保育者側にも、保護者を理解しようとする姿勢が求められます。

　本章では、巡回相談を保護者の視点から捉え直し、保護者の意識が巡回相談を経てどのように変化していくのか、そのプロセスを明らかにしていきます。変化のプロセスを保護者の物語と捉え、保護者への理解を深めると同時に、巡回相談を通して、保育者と保護者との連携の意味を考えてみたいと思います。

2　保護者から見た巡回相談

（1）インタビュー調査の概要

　八王子市の幼稚園巡回相談が始まって7年が経過したとき、巡回相談を保護者はどのように受け止めているかを確認するために、その年に巡回相談を実施した相談事例のうち、保護者の許可が得られた20事例について、保護者に聞き取り調査を実施しました。

　幼稚園巡回相談にかかわる複数の相談員がインタビュアーとなり、聞き取り時のバイアスをできるだけ小さくするために、自分が担当したのとは別の事例の聞き取りを行いました。ちなみに、カンファレンスに参加した保護者がすべて母親だったため、インタビュー対象者はすべて母親でした。

　保護者には、巡回相談を受けることになった経緯と園から告げられたときの気持ち、巡回相談当日までの日々の思い、カンファレンスで感じたこと、巡回相談後の変化など、巡回相談をはさんで、保

護者の思いや見方がどのように変化したかを自由に話してもらいました。

保護者の語りから気持ちの変化を時間の流れに沿ってまとめたものが図3-1です。

（2）保護者の意識の変化
①巡回相談を受けるまで
〈親の揺れる気持ち〉

20人中12人の保護者が園から巡回相談を勧められて，なんらかの抵抗感を抱いています。

抵抗感のなかった8人の中には，すでに診断を受けているケースや，療育機関などに相談しているケースが含まれています。

「はじめはいやでした。何か特別みたいな気がして。まだいいかなっていう感じ。」（Cさん）

「なんで？とか，ショックだなあという思いがありました。疑いたくなかったっていうか，まあ大丈夫だろうって。言葉が遅いのは誰でもあることだし，幼稚園に行けばしゃべるようになるだろうって思っていたので。」（Hさん）

このように巡回相談を勧められてはじめて，園からの指摘にショックを受けるケースもありますが，多くの場合，入園前後から多動や言葉の遅れなど園生活の中で目立つ子どもの姿に対して，保育者からたびたび指摘を受けています。

園からの指摘に追い詰められていたころのことをIさんはこのように語っています。

「うちの子が，園でいろいろとトラブルを起こすということでし

第3章 保護者の物語から保育者との連携が見えてくる

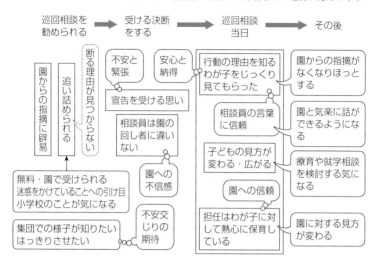

図3-1 保護者の意識の変化

た。園長と顔を合わせるたびに、対応に困っていて専門家のアドバイスが聞きたいというようなことを言われていました。まず、集団に入れない、単独行動が多いので目が離せない。朝の会や帰りの会に参加しない、とにかく気が済むまでいろんなものを見て回って部屋にはなかなか戻ってこない。散歩も心配で、補助の先生がいないと連れていけない。療育に通ってほしいと何度も言われていたんですけど、経済的に大変だからと断っていたんです。でも、巡回相談は無料だって言われて、断る理由がなくなった。それに、療育を断る、病院もいかない、巡回相談も断るとなると、この親はいったい何を考えているのって思われるだろう。それも嫌だなっていうのもあって、もう受けるしかない。疲れはて、つらかったです。園からの指摘があまりにすごかったので、もうこっちもどうしようもない

というか。」

　お金がかからず、いつも通り園に通いながら受けられる便利さは、気楽に受けられる反面、保護者の逃げ道をふさぐものでした。

　このように、八方塞がりになって、しぶしぶ巡回相談を受ける決断をした消極的なタイプの保護者が多いのですが、中には期待感をもって受ける積極的なタイプの保護者もいます。

　インタビューの結果から、積極的タイプは2つのタイプに分けられました。

　一つ目は、子育てをしていて気になる点があり、それが何なのかはっきりさせたいという保護者です。あらためてどこかに相談に行くのは、勇気や労力がいりますが、巡回相談は園に専門家が来てくれて、しかも無料なのですから、ある意味、願ったりかなったりというわけです。

　Qさんは、赤ちゃんのころから、癲癇を起こしやすく、一旦起こすとなかなか収まらないわが子の子育てに難しさを感じていました。乳幼児健診で相談したときもありましたが、保健師から、「お母さん、心配しすぎよ。気になるんだったら、そういうお母さんの集まりに行ってみたら」と言われ、気になりながらも、引っ越しのため、相談を継続することなく入園となりました。Qさんが、周囲から気にしすぎじゃないかと言われても気になってしまう理由は、他にもありました。親戚に発達障がいのある子どもがいたのです。家系的に発達障がいになりやすいのではないか、Qさんにはそんな不安もありました。

　そんなわけで、入園後、巡回相談というシステムがあることを保護者会で知ったとき、Qさんは、迷わず自分から申し込みました。

同じ積極的タイプのDさんは、幼稚園からの勧めで巡回相談を受けることになったのですが、それ以前の乳児期から極端な人見知りや神経質なところが気になっていました。入園後、園ではまったくしゃべらず、お弁当も食べないわが子を心配し、年少のときは、園にいる間中ずっとわが子に付き添ったりしていました。そのころ、メディアにたびたび取り上げられていた発達障がいの番組を見たり、記事を読んだりするうち、発達障がいにも細かい種類があるのを知って、もしかしたら、わが子がそのどれかに当てはまるのかもしれないと思い始めていました。もしそうなら、叱ったり、無理にしゃべらせるのは逆効果です。子どものことを理解したい、理解した上で、適切なかかわりを知りたいと思い、期待感をもって園の勧めを受け入れました。

　もう一つのタイプは、入園前から障がいがあることが明らかで、子どもの発達支援になる制度はできるだけ利用したいという気持ちが強い保護者です。

　Mさんは、子どもが入園するときに、園長から「自治体にも相談するところがいろいろあるから、できるだけ活用していきましょう」と言われていました。そのため、巡回相談の勧めは当然のこととして受け止めました。Mさんは、巡回相談への期待を次のように語っています。「うちの子が、私と離れたときにどんな様子なのかすごく知りたかったんです。それから、友だちとどうかかわっているのか、他の人が見た印象も聞きたいと思っていました。」

　園では、入園当初から加配の保育者がついており、普段から園での様子は聞いていましたが、巡回相談で、より客観的な意見を聞くことができ、違う視点から園での子どもの様子を知ることができる

だろうという期待感をふくらませていたことがわかります。

〈巡回相談当日を宣告を受ける思いで迎える〉

　巡回相談を受けることになった背景はまちまちなのですが，ほとんどの保護者が不安と緊張が入り混じったドキドキした思いを抱きながら巡回相談当日を迎えています。それはまさに，図3-1にある『宣告を受ける思い』と言えるでしょう。カンファレンスで相談員から何を言われるのだろうという思いや，白黒がはっきりするのではないかという思いです。

　「言葉が遅いということで受けたので，巡回相談の前の日は，明日なんて言われるんだろうとかなり不安でした。場合によっては診断というか，お宅のお子さんは障がいがありますねと言われるんじゃないかって」(Gさん)。Gさんは，園から勧められ渋々同意した消極的タイプの保護者です。

　一方，積極的タイプの保護者のBさんは，「何かしら結果を出してくれそうだなっていう期待はありました。子どもを見てもらうので，どこが弱いとか強いとか，何がおかしいとかおかしくないとかがわかるだろうと楽しみだったかな」と，期待という言葉で巡回相談への思いを語っています。

　このBさんですが，対象の子どもは，兄弟の3番目の末っ子でした。結果を聞くのが楽しみだったと語るBさんは，こうも話しています。「はじめての子だったら，なんてこと言うんだろう，うちの子を障がい児扱いしてと思うんでしょうけど，3番目だし，上の子どもの友だちで，巡回相談を受けた子どもたちを知っていたので，抵抗はありませんでした。」楽しみだと語る背景にはこのような気持ちのゆとりがあったようです。

第3章　保護者の物語から保育者との連携が見えてくる

　さて，GさんとBさんは，不安と期待という対極的な言葉を使っていますが，「宣告される場」と認識しているという意味では共通しています。

　私たちの巡回相談の目的は，保育支援なのですが，保護者からすれば，子どもを半日以上観察し，そのあと，発達検査をするわけですから，わが子の診断が下される場だと考えるのも当然のことでしょう。

〈相談員に対する不信感〉

　図3-1の『宣告を受ける思い』の下に，『相談員は園の回し者に違いない』という園への不信感を表した言葉があります。

　入園時から子どもの発達についてたびたび指摘を受けていたAさんは，「幼稚園に世話をかけている」と話しながらも，園との関係は良好とは言い難いものでした。そんな背景から，園から勧められた巡回相談の相談員は，園の代弁者にちがいないという不信感を抱いていました。

　「私は，子どものことを悪く言われるのに我慢できなかったので，園の指摘を受け入れようとしませんでした。だから，たぶん幼稚園は，子どもの発達が遅れているっていうことをはっきり言えないので，幼稚園の代わりに専門家の意見として，私に伝えて納得させようとしたのではないかと思っていました。」

　Aさんのように相談員への不信感を明言する保護者は少ないのですが，中には，相談員は園側の人という意識をもっている人が，少なからずいたと思われます。

②巡回相談当日

　保護者とのカンファレンスでは，まず，保護者に，巡回相談は保育をよりよくするためのものであること，カンファレンスは，そのために，園と家庭での子どもの姿を出し合いながら子どもの理解を深め，保育の手立てを模索していく時間であることを伝えます。

　その上で，午前中の観察と午後の検査の結果を伝え，保護者の思いや家庭での様子，普段の園での様子などについて，意見交換をします。相談員主導でカンファレンスを進めますが，保護者が受身になるのではなく，保護者の思いや意見を自由に出してもらえるように心がけています。

　さて，そんなカンファレンスで保護者はどのような経験をしたのでしょうか。

〈相談員の言葉に信頼を寄せる〉

　「ちょっとの時間じゃなく，半日目いっぱい保育の様子を見てもらいました。そんなに長い時間見てもらえるとは思ってなかったので，びっくりしました。そこまでちゃんと見てもらえたんだと本当に驚きで。」(Gさん)

　「半日以上しっかり様子を見てもらった上での面談（カンファレンス）というのがよかったです。面談だけだったらたぶん伝わらなかったでしょう。きちんと見てもらった上での話だったので，安心でした。」(Dさん)

　Dさんの子どもは，幼稚園では一切口を開かない場面緘黙でした。集団行動をしないなどの問題行動はないのですが，就学が目前に迫ってきた年長児になっても一言も発しない状況に保育者は焦りを感じ始めて，巡回相談を受けることになったケースです。

Dさんは，カンファレンスで話し合った子どもへの望ましいかかわりが，以前から自分が漠然と考えていたことと一致していたため，自信をもって，家族に子どもへの接し方を変えてほしいと伝えました。Dさんの言葉は，専門家の意見に裏付けられたものとして，説得力をもち，家族の行動を変えました。

「夫は，子どもをいつも批判するので，それで，この子はこんなに几帳面で自信のない姿になったのだし，これからも生きづらさがあるだろうって言われたよと説明したら，少しずつ納得してかかわりが変わってきました。それから主人の両親も，いつしゃべるの？とことあるごとに言っていたんですけど，無理強いせずに見守ることが大事だと伝えると，それから言わなくなりました。そこが一番大きな変化です。」

　相談員は，保育中のエピソードなど，具体的な姿から子どもの行動の意味を解釈し，それを保護者に伝えます。その言葉が，時間をかけてわが子の様子を見た上でのものであるため，保護者は納得し，相談員の話に信頼を寄せるのでしょう。

〈わが子の理解が深まる：肯定的な見方と理解が保護者の意識を変える〉

　子どもに対する肯定的な見方に，保護者は安心し，相談員の言葉に耳を傾けるようになります。

「相談員の方が話される息子の様子が，それまで自分が思っていたものと全然違っていました。積極的で集中力があると言ってくださってうれしかったし，安心しました。苦手な面の指摘については，あらためて確認できたのでよかったです。子どものことがより理解できました。アドバイスは，学校に上がってからの参考になるなっ

て。」(Lさん)

　巡回相談を受けること自体が，保護者にとってはわが子に対するネガティブな評価と言えるでしょう。ですから，相談員の口からどのような言葉が飛び出すのかと，保護者はドキドキしながら当日を迎えます。そんなとき，相談員の子どもの行動に対する肯定的なとらえ方に接し，保護者は新鮮な驚きをおぼえ，安心すると同時に，相談員の言葉に信頼を寄せます。そして，ネガティブな姿も含め子どもの多様な姿を受け入れていきます。

　また，子どもの行動の理由を理解していくうちに，子どもの想いが見えてきます。子どもはけっして，悪意で大人を困らせているわけではない。そのことがわかってくると，子どもの見方が変わり，子どもを変えるという発想をするのではなく，接する側の大人が変わればいいのだと考え始めます。

　「相談員の方に見ていただいて，結果を教えていただいて，ああ，そうなんだ，じゃあこれから私の接し方も気をつけるといいのかな，この子がどうじゃなくて，親の私が変えていったらいいかなっていうふうに思いました。そのほかに，担任の先生と，専門家の方が話しているときに，新たにわかったことがありました。今話を聞くと，あの行動はこういうことだったのですねと担任の先生が，相談員の方に話されている場面もありました。また，先生と相談員と私とで話したときに，新たな発見もありました。園の状況を知りたくても，ここまで細かくはお話しいただけないので，こういう機会を一日つくったことで普段の子どものことがすごく詳しくわかってよかった。なんかラッキーというか，得したような気がしています。」(Qさん)

園での子どもの様子,保育の様子,保育者の思いを深く知ることで,保護者の園に対する意識が変わります。

〈園への信頼を強める〉

Qさんの語りからもわかるように,カンファレンスでの話し合いは,園に対する意識を変える場になっていました。

「話し合いのときにフリーの先生と担任の先生がお二人でいらして,来ていただいた先生にいろいろ質問しておられました。で,今後の保育の取り組みみたいなことについても話しておられたので,そうやって行動に移していただいたのかなという感じはあります。」(Nさん)

「幼稚園側が,息子をあたたかく見ていてくれていることがわかりました。」(Tさん)

「幼稚園の先生方のお話をはじめてよく聞けて,わが子のことを詳しく見ているんだなとわかってよかったです。」(Pさん)

Pさんは,それまでにも,懇談会などで,担任から全体的な子どもの様子は聞いていました。それ以外にも,個別の面談のときなどに,子どものことについて担任から話を聞く機会はあったはずです。しかし,子どもの具体的な姿をめぐって,保育者自身が自分の保育を振り返りながら子どもを理解しようとする真摯な様子を見たのははじめてでした。その姿を見て,Pさんは保育者に対する見方を変えたのでした。

こうして,最初は,相談員が園側の人ではないかと構えていた保護者も,カンファレンスで対等に意見を出したり聞いたりして,子どもの理解を深めていく過程で,園での取り組みや,保育者の思いに接し,保育者に対する見方を変えていきます。

③巡回相談が終わって……園との関係が変わっていく

　巡回相談のあと，前掲のDさんのように家族のかかわりが変化したケースがいくつか見られましたし，子どもの家庭での姿が変わったという話も聞かれました。しかし，ここでは，園との関係の変化を取り上げてみたいと思います。

　ほとんどの保護者の口から語られたのは，「園長を含め園の先生方と話しやすくなった」ということです。

　保育者はそのつもりではなくても，保護者は，園と自分との関係は，"指摘する‐指摘される"という関係だと感じていることが多いようです。しかし，巡回相談という，子どもの具体的な姿をもとに，子どもにとってよりよい保育環境を考える場に保護者も参加することで，園がより身近なものになったと言えるでしょう。言い換えると，保育者の視点に触れることで，保育や保育者への理解が多少なりとも深まったと考えられます。

　「自分から園での子どもの様子を聞けるようになりました。それまでは聞くのを躊躇していたけれど，巡回相談のおかげで，どれくらい伸びているのか知るのが楽しみで。」（Hさん）

　Hさんのコメントの背景には，巡回相談での肯定的な子どもの見方が影響していました。子どもの成長した姿を共有したことで，保育者との関係は，子どもの成長を喜びあう関係へとつくりかえられていきました。

　ただ，巡回相談で，必ずしも保護者と保育者の関係が劇的に変わるわけではありません。むしろ，多いのは，保育者と保護者の間の緊張感が緩和され，保護者の気持ちが楽になり，保育者とも話しやすくなったとか，家庭でもやさしくなったという変化です。

「一番よかったのは、私の気が楽になったこと、気楽に先生と話せるようになったことですね。それまでは、先生の顔を見たら、また何か言われるかなと思ってできるだけ顔を合わせないようにしていて、職員室の前を通るときは、サーッと走るように通っていましたが、今は、ゆっくり通れるようになりました。」（Ｉさん）

Ｉさんは、さらに、次のように語っています。「療育も必要ならいつでも行けるという気分に変わりました。先生の話も冷静に聞けるようになりました。」

追い詰められると、人はそこから何とか逃げようとします。それが、拒否的な態度として園側の目に映り、理解のない保護者として受け止められ、関係が悪化するという悪循環を生んでいきます。巡回相談のカンファレンスは、ネガティブな連鎖にブレーキをかける作用があったようです。

3　保護者の物語から見た連携の意味

保護者は緊張した思いで巡回相談当日を迎えます。園の指摘から始まった不安や緊張感は巡回相談当日にピークを迎えるといってもよいでしょう。そして、巡回相談のカンファレンスを終えて、多くの保護者が園との間に生まれた緊張感から解放され、園と保育者に対する意識を変えていきました。それはなぜなのか。あらためて考えてみたいと思います。なぜなら、保護者の意識が変化した要因を探ることで、保護者と保育者が、お互いの意識の違いを超えて、つながっていくとはどういうことなのかという連携の本質に迫ることができるのではないかと考えるからです。

一つ目は，排除しないまなざしです。

　繰り返しになりますが，巡回相談のカンファレンスは，保育場面における子どもの具体的な姿をめぐって，子どもの行動の背景をさぐり，子どもを理解していこうとする三者の共同作業の場でした。

　意見や思いを出し合いながら子どもの行動の背景を探り，明らかにしていく過程で，保護者は，保育者のわが子に対する思いを知り，さらに，保育者がわが子に対する見方を変化させていくのを見ることができました。

　わが子を排除するのではなく，クラスの一員として位置づけるために考え，自分の保育を振り返り，その後の保育のあり方を模索しようとする保育者の姿を見た保護者は，保育者への信頼を回復していくのだと思われます。

　ところで，カンファレンスをあえて「協同」や「協働」ではなく「共同」作業の場と書きました。協働や協同のように，心を合わせて問題の解決を図るというよりは，場を共有し，お互いを知る場だと考えるからです。

　心を一つにして，子どもの問題を解決していこうというのは，保育者が願う理想の姿でしょう。しかし，そう考えた途端に，保護者との溝ができてしまいます。保護者と保育者の子どもに対する思いは違います。こうあってほしいと願う姿も違います。また，見ている子どもの姿も違います。保育者には，まず，そのことを理解しようとする姿勢が求められます。

　そして，大事なことは，排除しない保育を目指していることを保護者に知ってもらうことです。

　保護者との関係が改善されたもう一つの理由は，保護者が評価の

目から解放されたことだと考えられます。保護者は，評価の目に敏感です。わが子を周囲の子どもたちとの比較や，一般的な発達論上の子どもの姿との比較で語られたとき，保護者はわが子を否定されたと感じます。保護者自身に，みんなと同じであると安心だという思いがあるからかもしれません。

　何かと比較して，「できる－できない」「良い－悪い」という見方をするのではなく，その子のありのままを理解しようとするまなざしを感じるとき，保護者は，保育者の言葉に耳を傾けようとするのだと思います。

　集団の中の異分子という捉え方ではなく，一人ひとり異なる子どもたちが，どの子も安心して自分を発揮できる場をつくろうとする保育者の姿勢が，保護者に届くのではないでしょうか。

　ですから，巡回相談員に期待されることは，保育者の子どもに対するまなざしが保護者に伝わるような共同の場をつくることだと言えるでしょう。

第4章

保育者の「振り返り」からスタートする
——鳥取市の巡回相談——

田丸 尚美

1 なぜ,あらたな巡回相談が求められたか

(1) 鳥取市の障がい児保育

　人口19万人余りの鳥取市には,公私立保育園が46園,公私立認定こども園が5園,公私立幼稚園が13園あります(2015年3月末現在)。1980年に保育園での障がい児保育が制度化され,子ども個人に対してというより,その子が育つ場である保育に対して補助をするという考え方で,保育者の加配を行ってきました。そこには,生活の中で友だちとともに育つ子どもの発達を保障するために,保育を充実させるという理念が込められていました。[1]

　その理念を実現するために,「巡回指導」という巡回相談を30年来実施してきました。障がい児保育や療育の実践経験が豊富な保育者を中心としたチームが,園を訪問します(年度前半と後半の2回)。

---

(1) 幼稚園については,県が別途制度化しています。
　認定こども園については,子どもの認定区分に応じていずれかの制度が適用されます。

園の方は，相談したい子の発達状況表（運動，生活習慣，言語など領域別のまとめ）と個別指導計画をあらかじめ準備して，相談チームを迎えます。

手厚い配慮の必要な子どもの発達を見立て，クラスの保育のあり方を話し合います。加配された発達支援保育士の役割や，個別支援と集団保育の結びつきについてアドバイスすることを目指す，スーパービジョンの性格をもった相談です。

（2）保育現場からの切実な要望にふれて

2000年ごろより，発達上の気がかりがある子どもの保育に試行錯誤している保育現場から，様々な悩みや要望が寄せられるようになります。

「巡回指導の対象児以外にも，相談にのってほしい子がクラスに数人いる。」

「気がかりな子どもについて，発達の専門的視点からの見立てがほしい。」

「この子にとって，園での保育だけでは不十分なのではないか。どこか専門機関につなげられないか。」

「保護者の気持ち……揺れ動く不安や拒否感がわかるだけに，どんな伝え方ができるか，迷う。」など。

1回半日の巡回指導の際に，多いときは5，6人の子どもについての訴えが寄せられることもありました。

保健の現場から，心理相談員としてかかわってきた私は，危惧を感じました。「気がかり」をもちかけられても，その場で受ける相談がどれほど力になれるのか，疑問でした。それに「現場の要望に

応えたい」と，訴えをそのまま受けとめて動くのは，相談本来の姿ではないはずです。

　むしろ，「気がかり」を外部の者が安易に請け負ってしまうことになりかねない……それは「巡回指導」の目的とズレるばかりか，保育者や園内の職員集団の力を発揮しにくくさせてしまう危険もはらんでいます。

　あらたな保育の困難をどうつかむか，地域でどんな対処をしていくのがよいのか，問われていました。

（3）5歳児発達相談と保育

　時を同じくして，鳥取市では，1999年度より5歳児発達相談を始めました。保健センターが，5歳児を対象に園を通して発達相談の案内を配布し，希望する保護者が保健センターで受ける個別相談です。担任が相談に同行することもあります。この相談の背景は，保育現場から寄せられる要望にも重なっていました（田丸，2015）[2]。

　保育者は，5歳児発達相談を頼みに，保護者と「気がかり」を共有する，子どもの障がい特性や個別の対処の仕方を知る機会としてきましたが，それが必ずしも保育上の悩みを軽くしたわけではありません。子どもについての医学的な見立てや個別の助言とは別の形で，保育についての「気がかり」を取り上げる，具体的な相談を追求するという課題が見えてきました。

（4）保育上の困難さを掘り下げる

　そのためには，保育者が「気がかり」として訴えることの背景を掘り下げることが必要です。保育者とのやりとりを通して，以下の

ような思いが感じとれました。

・「気がかり」な子どもたちは，必ずしも知的な面や言葉の発達が遅いわけではない。でも，場面や相手によって見せる顔がちがう。落ち着きのなさ，マイペースなど「気がかりな行動」が目についてしまう。
・脱出や危険，友だちとのトラブルなど，園生活の中で困った出来事には事欠かない。そのため「気がかりな行動」に対処するような保育になりやすい。けれど，その子まるごとの発達像が描きに

（2）発達障がいは，学童期に問題が顕在化したときには，本来の障がいに加えて二次的な不適応に進展しやすいことが憂慮されてきました。就学前から把握して適切な環境や対応を整え，二次的な不適応を予防することを目指し，5歳児健診（もしくは発達相談）が取り組まれています。その背景として，以下の点が指摘されています。

①発達障がいは集団生活を通して困難が見えやすくなるため，幼児期後半に，園での生活を知っている保育者とも連携して相談の機会を持つことで，発達上の困難や障がい特性を把握できる可能性がある。

②保護者は，落ち着かない・聞き分けがないなどの行動は他児にもよくあるものと感じたり，家庭と園で子どもの様子が食い違っていたりして，子どもに発達的な困難さがあると気づきにくい。一方で育てにくさを感じて，不安を抱えている場合も多い。相談を「気づき」の機会としてもらい，子育てを支えるつながりを築く。

③保育現場では，子どもをどう理解するか悩みつつ，保護者と共有する難しさを抱えている。保健機関がかかわることで，保護者と保育者双方が理解を共有するきっかけになる。

④就学が迫っている時期に子どもの発達上の困難を把握し，保護者を中心に保育・保健・教育等の関係機関が連携して，就学についての相談支援をすすめる機会とする。

（田丸（2015）を一部改変）

くい，その子の世界をどう理解したらいいか，つかめない。そのため，保育について迷うことが多い。そこに，保育が楽しいものでなくなってくる重さがあるのではないだろうか？
・子どもの「気がかり」をつかみきれないからこそ，育てる上での心配事を保護者とも共有しにくい。それがまた，重さを増すものになるのではないか？

「保育の場で，子どもが何に困難を感じ，どんな願いをもっているのか」……その子の発達的理解を深めること・保育者の「気がかり」を明確にすることを目指し，あらたに始める相談を方向づけました。
○「気がかりな」ことを，子どもの「気がかりな行動」という見方から解きはなそう。
○「気がかりな」ことをクラスの保育場面として整理することで，子どもの思いや発達的背景を読み解こう。
○これまでの育ちの経過を振り返って，今の姿を読みとろう。

(5) あらたな巡回相談を立ち上げて

こうして2012年に，発達支援員（保健と福祉をつなげてケースワークをする役割）と，心理職・保育士・保健師のいずれかがペアを組んで園を訪問する「保育訪問相談」という事業に着手しました。

「巡回指導」がスーパービジョンの性格をもつのに対し，コンサルテーションという間接支援の性格をはっきりさせるため，1日1事例が基本というスタイルです。担任中心にじっくり語り合えるカンファレンスをすることを大事にしました。また，保育場面を通して「気がかり」を整理するために，次の方法を試みました。

①外部の相談を受けるにあたって、あらかじめ園内で事例を検討し、資料づくりをする（どんなことが「気がかり」なのか話し合う、場面記録を絞る、相談日の保育内容を考えるなど）。
②事前資料は、子どもの「気がかりな行動」という視点でなく、以下の視点から書く。
　・担任の「訴え」
　・気がかりの根拠になった「保育場面エピソード」
　・気がかりに関係する「これまでの保育の経過」
　・対象児や周りの子どもたちの「いいなあ」と思ったところ
　　（2015年度より追加）
③カンファレンスは、担任にその日の保育を振り返って語ってもらい、その日観察した保育場面や、事前にエピソードに描かれた保育場面をもとに、異なる立場からの見方や意見を交わす。子どもを「見立て（アセスメント）」、保育の問題を明確にすることを目指す。

これらを経て、保育者が保育についての自分の読みとりを捉えなおし、次の手立てを考えるきっかけになることを願いました。

2　保育者の「気がかり」を聴き取って、保育者の物語にふれる

あらたな巡回相談に取り組む中で、折にふれて保育者から戸惑う声が寄せられました。
・相談したい「気がかり」（訴え）を、どんな言葉で伝えるか？
・「気がかり」を表す保育場面をどう選んで、どのようにエピソー

ドを書いたらいいか？

その戸惑いには，相談のあり方について考えるポイントが含まれていました。

(1)「訴え」の中身をつかむ

事前資料の「訴え」に子どもの「気がかりな行動」そのままを書きこんでいる場合も，そこに保育の悩みが潜んでいました。

「目に入った物に興味をもつとすぐ行動に移って，部屋から出てしまう。」

「自分の思うようにならないとき，激しく泣いて止められなくなる。」

などの記述をもとに「気がかり」を聴き取っていくと，カンファレンスの場で保育につながる訴えが語られます。

「本人が落ち着くまで待つか，クラスの活動に誘うか，その見極めとタイミングが難しい。」

「何がきっかけで気分がくずれるのか予測できず，泣き出したらベッタリして離れず，担当者としてどうしたらいいか悩んでしまう。」

など，保育者が「主語」になった表現が出てきます。

その語りを通して，保育者その人が，今保育をする上で抱えている「気がかり」がはっきりしてきます。子どもの「気がかりな行動」へのアドバイスを障がい特性に照らして考える前に，そこを掘り下げたい。「訴え」は，保育者の語りをひきだし，保育者の物語に迫る糸口と言えるでしょう。

また，「これまでの保育の経過」に書かれていることが，その子

の変化や保育者の思いを,率直に知らせてくれました。

　「相手が嫌がっても追いかけ続け,思いが通じないと手が出てトラブルになってしまう。5月頃から激しくなった。友だちに気持ちが向いてきたためだと思う。友だちが好きで,休んでいる友だちを心配したり,泣いている友だちがいると顔をのぞき込んで頭をなでたりする,優しい姿がよく見られた。

　一方で,友だちの持っている物をとって逃げ,泣いたり怒ったりする友だちの反応を楽しんだりする面もあった。相手とかかわる間合いに苦労していると感じた。友だちと一緒に遊びたいという気持ちを受けとめながら,相手の気持ちを言葉にして伝えるようにしてきた。」

　「気分が急に崩れて不安定になる姿は,年度替わりに繰り返してきた。独り言をブツブツ言ったりして自分の遊びに籠もりがちになる。担任やクラスなど,環境が変わる不安を強く感じてしまう子だと思った。

　集団から離れて担当保育者と2人で,自分のペースで過ごす時間を増やし,安心して過ごせるよう配慮してきた。年度ごとに,環境に慣れるまでの時間が縮まってきたと感じる。」

　経過を振り返って綴ることは,「気がかり」を整理する力をもっています。保育者と子どもが積み上げてきた時間が込められているためでしょう。

　子どもと築いてきた物語にふれ,そこに連なる「気がかり」について,保育者にさらに聞きたくなります。保育者が,振り返ってそれを語りたくなる相談の場を,共同してつくることが重要です。

（2）子どもを具体的につかむ

①どんな場面を書くか

どんな保育場面をエピソードとして取り上げたら，相談したい「訴え」や自分の「気がかり」が伝わるのか……。エピソード研修の機会に，保育者の迷いが寄せられました。

・相談員にその子の「気がかり」全体を伝えたいと思っていろんな場面を取り上げると，切り取った場面を並べたようになって，エピソード一つひとつは簡便なものになってしまう。それでは，子どものリアルな姿が伝わらない。

・でも，ある場面に絞って「気がかり」な姿をリアルに詳しく描こうとすれば，他の場面の別の顔を伝えられない。また，詳細に描こうとすると，今度は何を相談したいのかが散漫になってきて，ズレてしまう。

戸惑いを出し話し合っていくと，「取り上げてみたい場面をいくつかエピソードとして書いてみる中で，相談したいことが見えてきた」「園内で，切り取ったエピソードを出し合って事前に検討することで，相談内容が絞れた」などの取り組み方に，注目が集まりました。相談資料を書くために，自身で振り返ること・仲間と話し合うことを通して，自ら問題を解く作業にとりかかっています。

外部に相談を託す前に，貴重なプロセスがあることがわかります。そこに，相談の過程そのものが含まれています。「訴え」を絞ることは，「エピソードを具体的に書く」ことと往き来しながら，いま突き当たっている，「気がかり」の輪郭をはっきりさせていくようです。

②どのように書くか

　気になる保育場面を，エピソードとして書いて読み解こう……そんな思いで始めた相談でしたが，申し込み資料を見て，悩みました。多くのエピソードは，「気がかり」の内容が保育場面として詳しく書かれていてわかりやすいのですが，どこか外から眺めた「行動」の記述のようになっているものがいくつかありました。

　「給食が終わった後に，友だちが食べ終えて席を立ったのを見て追いかけ，「やめて」と言われても追いかけ続ける。まだ食べている途中でも，体をつついてちょっかいを出し，その子が手を払って背を向けるのに，何度もしかけてやめられない。」

　保育場面を読みとるとき，相談スタッフ自身が子どもの「行動」の連鎖や相手とのやりとりの流れに，細かな視線を向けていったためかもしれません。

　保育者たちと何度も話す中で，次のような事情も見えてきました。公簿としての記録には「客観的で簡潔な」記述を求められ，それが浸透して，エピソードを書く際にも客観的に書くよう努めているのではないか？　また，特別支援教育における「個別指導計画」等の書き方を学ぶ中で，具体的に評価できる「行動」を対象にする見方が拡がっていることや，担当する障がい児の療育プログラムに接する中で，「客観的指標」というものが意識されるようになったことも，子どもの捉え方に影響しているのではないか？

③保育者のまなざしが込められた記録を

　「遊びに集中しない」「一番にこだわる」など，子どもの「気がかり」を訴える言葉は，その人の解釈・判断と，子どもの行動が混ざ

った捉え方になりがちです（今井, 2009）。それでは子どもの実態が伝わらない……だからこそ, 主観的な言葉で"まるめる"のではなく, 気がかりを「行動」として記すことが必要だと考えられたのでしょう。

でも, この相談で大事にしたいのは, 保育につながる「気がかり」を読み解くこと, そのために「気がかり」を抱えている保育者その人にふれることです。子どもの姿を書くときに, 事実にもとづいて言葉を"ひらく"（具体的に書く）記述が大事なのは確かですが, それは, 客観的に書くということを意味しているわけではありません。子どもの思いをどう読みとって, どのようにかかわり, 気持ちが通じ合ったのか, これまでの経過を映し出す, 保育者のまなざしが込められた記録が必要です。

「具体的に書くことは, 自分の主観を排除するものではない」と再度確認することが, 思った以上に大切でした。相談スタッフの読みとりも問われています。

（3）保育者の物語にふれる

年少組の秋に寄せられた洋君の相談では, 事前資料に次のような「訴え」が書かれていました。

・目についた物や思いついたことで行動が生じ, 夢中になって遊びに入りこむ。そこに友だちが惹かれる一方, 周りの様子や友だちの気持ちにかかわらず夢中になるため, 担任の声かけにも気づかない。

・自分の思いを言葉にしきれずに, 行動で訴えてしまうことも

> ある。
> ・なぜ自分が注意されたかわからずに怒ってしまい、"叱られた"感じだけが残ってしまっていないか、案じる。
> ・落ちついて活動を楽しめる、援助の仕方を考えたい。

そして、「気がかり」が感じられた保育場面を、次のように綴っていました。

> ・プールの着替えのとき、友だちが水泳帽を顔にはめてスパイダーマンになってふざけているのを見て、途中でも裸のまま遊びに加わり、担任の声かけになかなか気づかない。
> ・砂を掘るのに夢中になると周りの様子に意識が向かわず、掘り出す砂が友だちに全部かかってしまったりする。「○ちゃんに、砂かかってるよ」と伝えても、本人には悪気はないので、謝りたくない気持ちになって、頑なに意地をはる。
> ・使いたい物があると、友だちが使っていても自分が使いたくて奪ってしまうことになりやすい。「貸シテ」と頼めるようになってきているが、すぐに貸してもらえないと気持ちがはやって友だちに手が出てしまい、ケンカになることも多い。

この間の経過を「入園当初から、動きが速い傾向があった。トラブルになりそうな場面で、担任が本児の思いを言葉にして認めながら、友だちの思いや様子を伝えるようにしてきた。少しずつ言葉で伝えたり、手を出さずに待ったりできるようになってきた」と振り返っていました。

資料からは、洋君の行動に衝動的な面があって、周りと衝突しや

すい生活ぶりがうかがえます。その一方，担任のまなざしを通して，楽しいことに一途な洋君のイメージが伝わってきます。「夢中になって遊びに入りこむ」という言葉で表現されている，洋君の興味の向け方を探りたい。また，ここまでの経過をたどってきた担任が「落ちついて活動を楽しめる，援助の仕方を考えたい」と，いま相談を求めている思いを，探りたくなります。

　巡回指導に長年かかわっている保育者は，次のように述べています。「訪問したときに出会う「水遊び」の場面……ここにも，先生と子どもの様々なやりとりが見られます。先生と子どもの間には，子どもの背景やそれまでの日常のかかわりからくる，心の内のやりとりがあって，その場面を先生が綴ると，先生の体験から書かれた，気持ちのやりとりのある場面……訪問者には見えないものが書かれていると思います。保育場面をこうして書くことによって，先生は子どものことや自分のこと，クラスのことを振り返って，様々な気づきに出会うことができると思います。カンファレンスでは，先生の心の中で行きつ戻りつする思考を綴った保育場面を通して，語り合うことが必要で，どこの誰にでも当てはまるような保育の切り出しでは，子どもの姿が見えてきません。よく「文章は簡潔に書く」と言いますが，会議で必要なのは，子ども理解を職員集団で深めよりよい支援を模索していくために，一人ひとりの心の窓を通して意見を交わし合うもとになる，イメージのもてる記録ではないでしょうか。」

（4）完成された記録にする必要はない
　資料づくりは保育者の負担になるものですが，エピソードを書く

作業を通して,園内で子どもについて話し合う機会をもつ,相談員に保育を語る入り口にするなど,様々な可能性があります。完成された記録にする必要はありません。エピソードを通して語ることで保育上の「気がかり」をはっきりさせ,子どもたちと紡いできた物語を切り出してもらうことが,保育相談を成り立たせる力になるのです。

3 相談をきっかけに「振り返り」「語る」
―― 沙希ちゃんの事例から

この相談の実際を,沙希ちゃんの事例を通して見ていきましょう。相談後に,担任の佐藤先生に一年を振り返って語ってもらったことを合わせて,沙希ちゃんとクラスの子どもたち,佐藤先生の物語を描きます。

(1) 相談を申し込むまで
①年度当初――沙希ちゃんは,園生活に不安を感じている?

乳児クラスを複数で担当したり,加配として保育を補助したりしてきた佐藤先生。はじめて主担任になった年中組,「友だちとつながり合った,楽しいクラスづくりをしたい」と意気込んでスタートしました。

子どもたちが新しい組に慣れてきたころ,沙希ちゃんの,落ち着かない感じが気になりました。友だちに言葉をかけられると,からだを硬くして反応しなくなります。……フワフワしたぬいぐるみを抱えて一人でつぶやくように会話しているときは,とてもいい表情。

自分の世界に籠もっているのが好きなのかな？　でも，友だちをマネして動く遊びは好き。周りの気配に気づかないところと，人一倍敏感なところがあります。……給食のあと，片づけた友だちが次々と外遊びに出かけても，一人黙々と食べていて，帰る支度をする段になって急に慌て出し，何からしたらいいか混乱して，手につかなくなります。言葉の理解が幼いと感じることはなかったけれど，園生活に不安を感じているようで，気がかりでした。

②年度前半――クラスの居心地よい雰囲気づくりを大事にしよう

　佐藤先生は，友だちの中に安心していられるように，沙希ちゃんの好きなものを手がかりにして，一緒に楽しめる遊びを積極的に取り入れてみました。

　ぬいぐるみと話すのが楽しそうなので，"ごっこ"気分で友だちと遊べるようにコーナーをつくり，からだを動かすのが好きなら……と，友だちと動きを合わせる，ふれあい遊び（わらべ歌や追いかけっこ等）をクラスの定番にしました。また，絵本はクラス共通の楽しみになるからと，読み聞かせを欠かしませんでした。

　年中組にしては，活発というより，温かくてほんわかしたクラス……園内ではそんな声も聞きましたが，佐藤先生は，乳児クラスで培った経験から，ふれあい遊びが子どもの関係をつなぐと考え，沙希ちゃんを意識した遊びづくりに粘り強く取り組みました。

　沙希ちゃんはふれあい遊びが気に入って，友だちとよく楽しんでいました。また，「ずっと待ってるよ～！」と席から遠くにいる先生を呼んで製作物の手順を聞いてくるなど，困ったときに，自分の思いを積極的に伝えたりもします。担任との関係を安心してもてて

いると感じました。

　でも，いざ友だちに声をかけられると，固まって返事をしません。沙希ちゃんが転んで泣いているときに「大丈夫？」と近寄った子も，うずくまったまま返事がないので，困ったようにそのまま立ち去ります。子どもらには「沙希ちゃん，どうしたんだろう」「困っているのかな」と声をかけながら，沙希ちゃんと友だちをどうつないでいったらいいか，悩んでいました。

③相談に申し込む──子どもの気持ちをはかりかねて

　佐藤先生は，外部の見方を聞いてみたいと，秋に「保育訪問相談」を申し込みました。会話となると友だちを遠ざける沙希ちゃんを，どう理解したらいいか，はかりかねていました。

　……周りの雰囲気や動きは察して動けるし，喜んで遊べる。何と言われたかも先生が訊けばわかっている。でも，相手の子に，どう返したらいいのかがわからないようで，言葉にならない。会話することに，どんな難しさがあるんだろう？

　先生は，相談の訴えを「友だちに自分の思いを伝える・相手の思いを聞くこと，身の回りの準備に集中して取り組むこと」としました。エピソードには，(ペアになるために) 友だちと交渉するときに混乱し，怒って遊びの輪から出て行く沙希ちゃんの姿を描きました。

　先生の一番の気がかり「沙希ちゃんが友だちとの間に不安感を抱えやすいこと」は，もう一つの訴え「身の回りのことに集中して取り組むのが難しいこと」にどうかかわるんだろう？　こちらも，子どもをつかみきれないという先生の戸惑いを思いやりながら，訪問に向かいました。

第4章 保育者の「振り返り」からスタートする

（2）相談日の子どもの姿——「芋掘りごっこ」に興じた後で

クラス自前のわらべ歌遊び「芋掘りごっこ」。沙希ちゃんは，芋役でダンスを踊って大はしゃぎ，期待いっぱいの様子です。このクラスで親しんできた遊びなんだろうと，こちらまで期待が膨らみます。

①1回目

オニ役の「農家のおじさん」佐藤先生が芋役の子を抜き取ると，沙希ちゃんは思わず拍手して，引き抜かれる仲間にしがみつく……一緒に引っ張ってもらうのがよほど好きなのでしょう，何度も戻って芋にくっつき，嬉しそうに引きずられていきます。先生が「捕まった人，帽子を取ってきて—！」と言うと，一目散にロッカーに取りに行って帽子をかぶり，意気揚々と「おじさん」の位置につきます。

②2回目

芋になった先生に小芋たちが何人も取りつき（いつの間にか「おじさん」役のはずの沙希ちゃんまで），重い芋を「おじさん」総出で引きずっていきました。特大の芋を収穫したと，嬉しそうに室内を走り回る「おじさん」たち（沙希ちゃんも，復帰していました）。友だちと一緒に動くのが楽しいんだなあと感じました。

何度か芋掘りごっこをした後，芋を使った料理ごっこ。収穫した芋で何を作るか？　次々に声が上がる中，沙希ちゃんも先生の膝に身を寄せて「焼き芋！」と答えました。調理ごっこをしてできあがった焼き芋を，膝にのって頬ばるしぐさ……満足気な表情です。

③芋掘りごっこの後で

　最後に，先生が子どもたちを小さい輪に集めて遊びを締めくくる話をしているとき，沙希ちゃんは，輪から一人身を離し，声をかけられてもまったく気がなく，ロッカーの前で寝そべっていました。

　その後トイレに行く段になると，トイレの前まで行くものの，動き出すタイミングがつかめないのか，友だちが次々に用を済ませてくるのを，入り口でジッとやり過ごしています。最後におもむろにトイレに入りました。先ほどの様子とは打って変わって，自信のない様子。

　給食でも，友だちが着席した後どこに椅子を置いたらいいか定めきれず，何周か机の周りを回り，友だちに「こっちこっち」と呼ばれて席につきます。オドオドした表情を見て，佐藤先生が「身の回りのことに集中して取り組めない」と訴えていたのはこのことなのか？と，先生の思いを聞きたくなりました。

（3）カンファレンス
　　——沙希ちゃんは何を"願い"，何に"困った"と感じているか
① 「やる気が出ない」子？

　担任に心を開き，友だちと戯れる沙希ちゃんは，人に寄せる好意をもっている子。クラスのほんわかした雰囲気がそれを受けとめていて，先生のこれまでの配慮が編み出した子どもたちの物語がうかがえます。その中で佐藤先生が今日一番気になったのは，トイレに行こうとしない・給食準備に取りかかれない，沙希ちゃんの「やる気が出ない」様子でした。

　たしかに，芋掘りごっこでは勢いよく帽子を取りに行っていたし，

遊んでいるときとその後では動きや表情がちがうのに驚きました。それにしても「やる気が出ない」「集中して取り組めない」と案じる捉え方は，佐藤先生のどういう思いからくるのでしょうか？

②いろいろな場面を通して考える

　一斉にトイレに行く場面は，様々な動きが押し寄せて騒然としていました。そこで沙希ちゃんは，「やる気になれない」というより，呆然としていたように見えました。そんな顔つきになることが他にないか尋ねると，佐藤先生がしばらく考えて取り上げたのが，以下の２つの場面です。
・クラス全体に今日の説明をしている場面……キョロキョロして落ち着かない，ボーッとしている。
・片づけ等，みんながあちこちで動く場面……ウロウロしていて，とりかかるのが最後になる。

　そこで沙希ちゃんがどんな気持ちになっているか，担任を中心に，園長，主任，相談スタッフで意見を出し合いました。

　「先生は遠くからあれこれ言っている，友だちはワイワイしている，自分も何か言われているの？」

　「先生に友だちが答えたりしている，いま何を話しているのか，よくわからない。」

　「周りがあちこちに動いている，一緒にしたいけど，どうしたらいいのか，わからない。」

など，友だちが気になりながら，混乱して困っている沙希ちゃんの気持ちが読みとれそうでした。

　主任からは，「締めくくりの話のときに明らかに気持ちがきれて

いたのは、焼き芋を食べ終わったときに"楽しかった～、おしまい！"と感じたからじゃない？　気持ちの上ではもう終わりになったから、沙希ちゃんの注意が向かなくなったんだと思う」という指摘。なるほど、やる気がなくなったというより、沙希ちゃんの遊びの時間は、もう終わっていたのかも……と思い返し、佐藤先生もホッとした表情でした。自分の言葉が沙希ちゃんの気持ちを動かせずに、「やる気」になれないのではないか、先生がそんなふうに気負っていたことに私は気づきました。

③保育場面に見る、沙希ちゃんのアセスメント

　沙希ちゃんは、状況を察知しやすい認知的特徴があるため、刺激が多いと気持ちがまとまらなくなって、クラスでやっていることの意味がわからなくなると、面白くなくなって集中できなくなったり、不安になって行動にとりかかれなかったりするのではないでしょうか。場が整った後でおもむろに動き出すのはそのせいでしょう。

　その特徴は、先生がずっと気になってきた、友だちとのかかわりづらさにもつながります。

　遊んでいるとき、芋を全部掘り出したらオニの勝ち！という遊びの面白さは気にならないようでした。役に関係なく目立った動きに惹かれていました。外から見えやすい「動き」を手がかりに共感し合う力はもっているのですが、対人関係の中で「イメージ」を共有したり、相手の内面を読みとったりする上で、苦しさをもっているかもしれません。だから、友だちに話しかけられると、相手の意図や気持ちが読みとれず、緊張したり避けたりしてきたのでしょう。

　人に好意を向け、友だちと一緒にやりたいという思いをもってい

る沙希ちゃん。だからこそ，かかわりにくさの葛藤を抱えやすかったのではないかと，これまでの沙希ちゃんの物語を描いてみました。それを踏まえて，沙希ちゃんの興味や気持ちの流れを見ていくと，保育の手がかりにできそうだと伝えました。

④クラスの子どもの姿を受けとめて考える

芋掘りごっこのとき，もの足りない様子で部屋の端にいた男児の存在にも注目しました。佐藤先生も，こういう遊びに飽き足らない感じをもっている子が出てきたのは感じていました。

クラスには，1対1のかかわりを求める，大人に甘え足りないと思われる子が他にもいるため，ふれあいを主とした遊びに取り組んできたのでした。でも，勝負をかけたり競ったり，もっと面白いことがしたくなったんだ……と，男児たちが訴えているようです。このクラスで紡いできた楽しい文化を大事にしながら，彼らも存分に楽しめる遊びをどう組み立てられるか，話し合いが続きました。

⑤相談後の気づき──子どもの気持ちを読みとるということ

沙希ちゃんの気持ちの読みとりが難しくて，なかなか的を射たものが見えてこなかったので，ずっと自分が落ち着かなかったと，佐藤先生は振り返りました。

「はじめて受け持った年中組，友だちづくりを大事にしたくて，保育者としてどう指導したらいいかということが，自分は先行していたように思う。」

「カンファレンスでそれぞれの見方を聞いて，こんなふうに読みとれるかもと，具体的に考えたのがよかった。たとえば，次にやる

ことがわからない，やる気が出ないというより，場面が落ち着いてからでないと動きたくないという見方。だとしたら，自分なりに苦心している姿が，いじらしくなった。その子のいいところ，何を求めているかを見た上で，何をどう困っているか読みとるのが，新鮮だった。」

はじめて担任になった年中組の保育に意気込む佐藤先生にとって，沙希ちゃんは大きな存在だったことでしょう。相談で共有した子どもの姿をもとに，沙希ちゃんがどんな物語を描いてきたか探るとともに，クラスの子どもたちの思いにも目を留めたことが，佐藤先生の次の保育を紡ぐ力になっていきました。

(4) 年度後半の保育の展開——友だちとの接点をつくりだす試み

その後，佐藤先生がどんな保育を展開していったのか，たどってみましょう。

①今・ここで何をするのか，期待して参加できるように

その場で何をするかイメージできたら，興味がまとまって気持ちが落ち着くのではないかと，遊びの導入や手順の伝え方をいろいろ工夫してみました。

正月明けに紙皿でコマを作ったときのこと。「ここに，模様を描くよ。模様ってどういうものか，知ってる？」といろいろな模様を1枚ずつ見せ，「あ，そんなの知ってる〜！」「お母さんのカバンと一緒や」と子どもたちとやりとりしながら，興味を引き出していきました。沙希ちゃんも佐藤先生をよく見て，とても集中していたそうです。

「こんなの，回したらどうなるんだろう？」と問いかけてコマづくりに入ろうという段には，子どもたちはその気満々，勢いよく次々に材料を取りに行きます。沙希ちゃんも，同じテーブルの女児らに交じってコマづくりにとりかかり，回転させたときに綺麗だった友だちのコマを見て「すごいな〜」と自分のコマに模様を描き足し，その子の隣りで回していました。

　佐藤先生は，伝え方に手ごたえを感じました。紙皿のコマづくりでは，「模様を描く」面白さや「回転させる」期待をふくらませて伝えれば，その後の段取りはついてくる……次に向かう"期待"をもてたとき，それが勢いになって子どもたち自ら手順をつかもうとする。こうして製作に取りかかれると，友だちとのかかわりも自然に生じてくると感じました。

②好きな友だちができる

　皆のワイワイした動きに混乱して，トイレに遅れたり行きにくくなったりするなら，トイレを別にしたらいいと思いたち，未満児用のトイレに誘って行くようにしました。すると，思いがけないことがおきました。部屋から少し離れているけれどゆったりしているのが気に入ったのか，春奈ちゃんが一緒に行きたがるようになります。春奈ちゃんは早生まれで，天真爛漫なおっとりした雰囲気のある子。2人で手をつないでトイレに行き，トイレで待っていて一緒に帰ってくるようになります。そのうちに，沙希ちゃんも手をニギニギして見せ，春奈ちゃんと手をつなぐのを求めたりして，「トイレ友だち」ができました。自分から友だちに親しみを向ける姿に，佐藤先生は変化を予感します。

③友だちとの会話が生まれる

　沙希ちゃんは，ぬいぐるみを手でいじって一人二役の会話をして過ごす時間も多く，先生はこの世界を開きたいと思ってきました。よりどころにしている物がなくなるとシュンとしてしまうのではないかと迷ったものの，「熊ちゃん，明日からお出かけするんだって」と話し，思い切って沙希ちゃんの好きなぬいぐるみをしまうことにしました。この間，友だちとかかわれそうな手ごたえを感じていたのです。

　しばらく人形を探していましたが，粘土やブロックを出して一緒に作ろうと誘うと，周りに春奈ちゃんたちが寄ってきて，自然に近くに友達がいる……という時間ができました。粘土遊びのとき，春奈ちゃんに「これ，何作ったの？」と聞かれて「顔，つけたの」と沙希ちゃんが答えました。リーダー格の夏ちゃんが「沙希ちゃん，カタツムリ作ったんだって！」「かわいいね〜」と報告に来てくれます。沙希ちゃんが友だちに答え，気持ちを通わせている……先生がずっと願ってきた出来事でした。

④友だちの中で力を発揮する

　2月の発表会に向けて，オペレッタの役を決める話をしているときのこと。「この役やる人いないね」とつぶやいた先生の言葉を聞いて，沙希ちゃんは「スパゲッティお化け，する！」と名乗りを上げてくれます。佐藤先生が驚くまもなく「強い役なのに，やっつけられちゃう……」「でも，一人ではできないよ，ぼくもやる！」と他の子らも加わって，劇の中では敵役になるチームができました。沙希ちゃんが名乗り出るのを受けて，皆で取り組もうとする気持ち

が重なっていったことに、先生も胸が熱くなりました。

　沙希ちゃんは、練習で踊ったときに「かわいい～」とリクエストされたのが嬉しくて、励みになったようです。保護者から「練習が楽しいと言っている」と聞きました。声をかけられなくても登園準備に勢いがついて、早く園に来るようになりました。そのおかげで自由遊びの時間が増えるという、先生としては思いがけない展開につながります。友だちの遊びを感じながら、同じ場所で遊ぶ姿がよく見られるようになります。

⑤友だちと認め合って遊ぶ

　クラスの子どもたちも沙希ちゃんも、ともに楽しめる遊びをどう取り入れるか考えてきた佐藤先生。たまたま訪問したとき、ホールで「だるまさんがころんだ」をしていました。「転んだ」に加えて、子どもの発案で「すわった」「寝～た」というルールを導入し、それに応じてポーズを替える独自の遊びです。

　子どもたちは、自分が「切った～！」と言いたくてはやるために、あっという間にオニ近くまで駆け寄っていきます。そんな中、沙希ちゃんは合図に応じてポーズを決めることに熱心でした。

　そのうちに、やはりオニになりたくなったのでしょう……オニが振り向いたときにわざと動いたり、コ（オニ以外の子）をタッチしていく進行方向に、こっそり少しずつ転がっていったりし始めます。でも、ジャンケンで負けないと次のオニになれない……勝ってしまってふてくされたり、去りがたくてその場に座り込んだり。そのけなげな努力は微笑ましく、主任は、以前の沙希ちゃんなら怒って遊びから抜けていたところだと目を見はりました。かたや佐藤先生は、

ハラハラしていました。なんとか負け残って、念願のオニになれたときは、よかった〜！と密かに喜んでしまいます。

オニになった沙希ちゃんは、はっきりした大きな声で「寝た！」「すわった！」と唱え、振り向いてじっくり眺めて「あ、見つけた！」「見つけた！」と、動いたと思ったコを自信満々に指していきます。横に来た夏ちゃんといっしょに、ジッと見渡して動いた子を次々に指名。つかまった祐太くんが「いっぱいつかまえるなあ、沙希ちゃん」と感心していました。

先生を囲んで、遊びのまとめの話し合いをしたとき、沙希ちゃんは、最後にオニになれてよほど嬉しかったのでしょう、一番前に座って先生の言葉をジッと聞いていました。

沙希ちゃんなりの興味のもち方（静止したポーズの面白さ、じっくり見渡して動いた子をチェックする面白さ）が、クラスの子らにとって、「だるまさんがころんだ」の面白みをあらためて気づかせるものになり、それぞれを認め合って楽しさが展開していました。佐藤先生が、それぞれの物語を感じとって保育をつくりだしてきた中に、先生ならではの楽しい工夫が込められていました。

先生は、1年を振り返って語りました。「自分の思いを表現することが苦手で、私もこの子の読みとりに苦慮してきた。沙希ちゃんが何をどう戸惑っているか、何となく感じていたけれど思うように言葉にできなかった。訪問相談を通して、いろいろな見方を交えて発達的な意味づけをしたり、沙希ちゃんの気持ちを言葉にして解釈してみたりしたことで、自分がもし沙希ちゃんの立場だったらどう感じるかを想像できたことが大きかった。」

4　相談を通して保育者の「気がかり」を捉え直す

(1) 保育者が物語る場をつくる

　子どもの「気がかりな行動」の「気がかり」を感じているのは保育者その人です。だから、この相談で大事にしたのは、保育場面を振り返って、エピソードとして綴る・カンファレンスで語ることでした。カンファレンスでは「訴え」を入り口にして聴き取ることから始め、保育者がこれまで紡いできた物語を受けとめながら、相談スタッフと保育者それぞれの読みとりを交わして、「気がかり」に込められた保育者の思いを明確にしていくことを目指しました。

　事業評価アンケート（2014年実施・保育者253名の調査）によると、「カンファレンスにおいて、自分の思っていることを言うことができた」(89％)、「日頃の悩みや疑問を聞いてもらって、気持ちが楽になった」(84％) など、カンファレンスは、助言を聞くというのではなく、保育者が話せる場になっていることが確かめられました。

　「園で悩んでいることによりそってもらって、気持ちが楽になったように思う。"これでいいんだ"と思え、あたたかい言葉に励まされた。」

　「担任として子どもとかかわっていて「これでいいのかな」と思っていた、一緒に子どもにかかわってもらえているという気持ちがもてて、心強く感じた。保育の方法や子どもへのかかわりを一緒に考えてもらえ、とても参考になった。保護者へもゆとりをもって接することができた。」

　「園の立場や苦労をわかってくださった上での助言が、今後の支

援にもとても参考になり「よし，頑張ろう」といった意欲につながった。」

など，巡回相談後のアンケートの自由記述に寄せられた声から，カンファレンスの場で，保育者が何を感じているかうかがえます。

　保育の経過や自分の思いを振り返り，相談スタッフや職員仲間に物語ることは，「気がかり」を捉え直すことを通して，自身の「保育の肯定感」につながる可能性があります。事前の資料づくりに始まり，カンファレンスにたどり着く一連の相談過程が，相談という体験として，その人の明日からの保育に連なってくれたらと思います。いずれその人の物語に，組み込まれてくれたらと願いつつ。

（2）沙希ちゃんの園の先生から

　最後に，園の先生たちの声を紹介します。園や保育者にとって保育訪問相談がどんな意味をもっていたのかが伝わってきます。

①園長の久保先生

　園は，子どもたちが集団生活をしている場だという意味を考えたときに，何より友だち関係を広げてあげたい。園が楽しいって感じてくれることに加えて，友だちとみんなでもっと楽しく過ごさせてあげたい。訪問相談は，「困り感」をもっている子どもを，集団の中でどう保育していくかが相談できる。

　今回相談にのってもらった担任は，子どもの中に入りたい・同じ場にいたいという姿勢のある保育者。歌うときも，子どもに背を向けてピアノを弾くよりも，子どもに顔を向けみんなを見て歌いたいと，ギターを持ち込んだ。自由遊びを大切にして，担任との信頼関

係をつくることを大事に,クラスづくりをしていた。クラスがゆったりした雰囲気をもっていて,気になる子も楽しめる保育を一生懸命考えていたと思う。

日頃の職員会議でも資料を出し合って,その子についての理解を共有している。ただ,話し合う時間が取りきれないのと,どうしても広く・浅くということになりやすい。担任が保育をすすめる上で困ったと感じているときなどに訪問相談を頼んで,カンファレンスでいろいろな意見や思いを伝えてもらう中で,一人の子どもについて深く掘り下げて考えることができ,一人ひとりを見つめる機会になる。それが保育を振り返ることにつながり,保育者が自信をもって保育に向かえると感じている。

また,相談から見えてきたことを保護者に返す中で,子どもの見え方が変わって,連携が深まる機会となった。

②主任の松本先生

今回相談を利用した担任との出会いは,彼女が3歳のとき。私がちょうど今の彼女くらいの年に,年少,年長と2年間担任として同じ時を過ごした。それから,20年の月日を経ての再会。しかも,今度は,同じ視点で子どもたちによりそう立場の同士として。一人ひとりによりそおうと奮闘する彼女の姿は,当時の自分に重なる部分があり,その彼女にまたよりそおうとする自分の姿があった。

一生懸命にやろうとするほど(当時私がそうだったように)広い視野や多様な視点を見失いがちになる。そこで,彼女の心の声に応えよう(応えたい)と,訪問相談をもちかけた。相談内容の資料を一緒に整理するたびに,子どもの観察の仕方や,捉え方,保育の組み

立て方の変化や工夫が見え始め,「こんなふうにするとよかった……」等のうれしい報告を聞くと,相談日に至るまでのプロセスも,大切な時間なのだと感じた。

えてして「相談」は,集団にそえない子どもを,いかに集団の中へ入れていくか,そのために何が必要かということになりがちだが,彼女の純粋に「その子を知りたい」「知って,その思いを共有し,よりそいたい」という姿勢に,保育者にとっての訪問相談本来の大切さを教えてもらったように思う。子どもと一緒にクラスづくりをしていく姿を,微笑ましく見守っていくことができた。

　本章を執筆するにあたり,一緒に取り組んできた,鳥取市こども発達・家庭支援センターのスタッフ,多大な協力をしてくださった佐藤先生・松本先生・久保園長に深く感謝申し上げます。

〈引用・参考文献〉
今井和子　2009　保育を変える記録の書き方／評価のしかた　ひとなる書房
田丸尚美　2015　5歳児健診　玉村公二彦ほか（監修）キーワードブック特別支援教育　かもがわ出版　pp. 208-209.

第5章

個の視点と集団の視点から子どもを捉える
——大津市の巡回相談——

髙 田 智 行

1　発達相談を重視する巡回相談

（1）大津市の障害児保育

　大津市は全国に先駆けて1973年に障害児保育を制度化しました。それは,「障害の有無にかかわらず,どの子も発達する権利をもっている,それを社会が実現していかなければならない」という,発達保障の理念に基づく,「希望するすべての障害児の保育所への入園」を目指した制度でした。また,この制度はたんに保育所における障害児の受け入れを実現したことにとどまらず,障害児を含め発達上の支援を必要とする子どもたちを地域で受け止める土壌を築いてきました。

　そして,「一人ひとりを大切にする保育」を基本に,集団の中で子ども同士はもちろん保育者も保護者も「ともに育ち合う」ことを目指して,障害児保育の実践を日々積み上げています。

（2）大津市の巡回相談

　その障害児保育を支える事業として巡回相談は整備されてきまし

た。障害児保育が制度化されて40年余り,子どもと家族を支える・保育現場を支えるという2つの視点から整備がすすめられてきました。

現在,巡回相談は1年を前期・後期の2期に分け,前期は個別相談を中心に,後期はクラス相談を中心に実施しています。

個別相談は,発達相談,家庭相談(1),医療・保健相談,理学療法士・作業療法士による相談を必要に応じて実施しています。関係機関の協力のもと,医師,保健師,看護師,理学療法士,作業療法士,保育士,家庭相談員,発達相談員といった専門スタッフが,子どもの必要に応じてチームを組んで相談を行っています。

クラス相談は,保育士と発達相談員が保育観察を実施し,その観察結果をもとに保育相談を行っています。

(3) 巡回相談の軸は発達相談と家庭相談

大津市の巡回相談は発達相談と家庭相談を軸に組み立てられています。医療・保健相談,理学療法士・作業療法士による相談は全ての子どもに実施するわけではないのですが,発達相談,家庭相談はそれぞれ,全員に原則として年2回実施します。ですから,巡回相談を実施している市役所の幼児政策課には,常勤で発達相談員が5人,家庭相談員が4人配置されています。

ではなぜ発達相談と家庭相談が巡回相談の軸になるのでしょうか。大津での発達支援は乳幼児健診からスタートします。健診時から相

---

(1) 大津市では家庭児童相談員のことを家庭相談員と呼び,家庭相談とはその家庭相談員と保護者だけで行う相談を指します。

談は保健師と発達相談員がペアを組んで行います。その後のフォローも発達相談を積み上げることが基本になります。その発達相談の積み上げの中で、子どもの発達を捉えることで、子育ての見通しや子どもへの支援のあり方が見えてくることを保護者も実感していきます。

　一方で、発達を捉えることは、保護者にとってはときに子どもの弱さや課題に直面することにもつながります。そのときの保護者の気持ちの揺れに保健師がよりそい支えるわけですが、巡回相談では家庭相談員がその役割を担います。家庭相談は巡回相談において家庭支援のためのソーシャルワーク的な役割を担いますが、保護者の思いや悩みによりそう保護者自身の相談という側面もあるのです。巡回相談においては発達相談と家庭相談はセットで実施しており、2つで1つの相談と言ってもいいかもしれません。

　保護者にとって保育所での巡回相談は、この乳幼児健診から積み上げてきた、子どもの発達を捉えることから始まる相談の延長線上にあるのです。

（4）子どもの発達を捉えることから始まる相談

　大津の巡回相談ではここが一つのキーポイントになるので、発達を捉えることから始まる相談についてもう少し触れましょう。巡回相談における発達相談では、発達検査を実施します。発達検査というと、発達年齢や発達指数を算出し、それを結果として保護者や保育者に返すというイメージがあるかもしれません。大津では発達検査を発達を捉えるためのツールとして用いてはいます。しかし原則として、発達年齢や発達指数は算出しません。子どもの発達を捉え

るということは,検査結果の数値で表されるところの能力的な到達点を捉えることだけではないからです。子どものもっている発達要求をつかみ,子どもがその発達要求をかなえていくためにはどのような支えが必要かを考える手がかりを得ることが含まれるのです。ですから,発達を捉えるための発達検査で必要なことは,検査の出来不出来をみるのではなく,検査に応じる姿,どのようにできどのようにできないのかをみることなのです。そして検査場面以外の子どもの姿を,観察したり,保護者や保育者から聴取し,それらを全部あわせることで子どもの発達を捉えていきます。こういう子どもの発達の捉え方を発達診断といいます。

このようにしてみると,発達相談というのは,発達診断をしてそこで捉えた子どもの発達と支えの手がかりから,その後の子育ての見通しや支援のあり方について,保護者や保育者といったその子どもにかかわる人たちとともに考え,共有し合う場と言えるでしょう。大津ではこのような相談が,母子保健や子育て支援,療育など全ての分野で行われています。

(5) 保育現場においても子どもの発達を捉えることから支援が始まる

このように大津では,子どもの発達を捉えることから始まる相談を大切にし,長年積み上げてきました。巡回相談における発達相談も当然同じ考えで行われています。

大津では「一人ひとりを大切にする保育」を基本にしていますので,この子ども一人ひとりの発達を捉えることからはじめるという考え方は,当たり前のこととして受け止められており,保育現場に

おいても発達相談が巡回相談の軸になりうるのです。

　また，子どもの発達を捉え，子どもの発達要求を摑み，その要求をかなえるためにどのような支えが必要かを考える，という発達相談の流れが，保育・教育を組み立てる際の流れと親和性が高いことも，発達相談が保育実践を支える相談として位置づいたことと関係があるでしょう。

　発達相談における発達検査では，できる限り保育者に検査場面に入って見てもらうようにしています。何がどのようにでき，どのようにできないのか，その子どもにとってどのようなかかわりがプラスに働き，マイナスに働くのか，検査を通して保育者に見てもらうのです。検査場面は限定された特別な場面ですが，そういう場面だからこそみせてくれる子どもの姿があります。保育者に検査結果ではなく検査自体をみてもらい，集団場面とは異なる子どもの姿を知ってもらうことが，保育実践につながればと考えています。

　そしてこの個別の発達相談を軸に大津の巡回相談は整備され，長年個別相談を前期・後期2回行うという形で実施してきました。2006年に私が幼児政策課（当時保育課）に異動してきたときも，その形でした。

　しかし現在は，前期が個別相談を中心に，後期はクラス相談を中心にというように，相談の組み立てが変わっています。クラス相談については，2010年度より実施しています。保育現場から保育実践をささえるためにはクラス相談が必要との要望があり，現在の形となっています。

2 「ともに育ち合う保育」を目指して

(1) 現在の巡回相談の体制になったのはなぜか

「今日の先生の話を聞いて,この子の発達の状況と課題についてはよくわかりました。で,保育はどうしたらいいですかね？」巡回相談で子どもの発達の姿を報告した後に,保育者からこういう質問が返されることがありました。

10年前,私が保育所の巡回相談の担当になって間もないころ,このように質問を返されたとき私は「保育をどうしたらいいかは保育者が考えることなのに……」と思いました。実際に「保育の手だては保育者が考えてくださいね」と答えることもありました。しかし,これは,個々の保育の手だてについて「どうしたらいいか？」と質問しているわけではなかったのです。

発達相談においては前述したように,発達検査を実施し発達診断を行い,そこで摑んだ子どもの発達から話がスタートします。

大津の障害児保育が制度化されて40年が経過します。障害児保育がスタートした当初は,対象の子どもも園に1人か2人という状況でした。そういう状況下であればこそ,対象の子ども個人の課題を明らかにすることがその子どもとクラス集団との関係について考えることにもつながったと思われます。

つまり,クラスの中に発達上の支援が必要な子どもが1人か2人ならばこういう相談が機能しました。しかし,クラスの中に障害児保育の対象児を含め保育上の配慮が必要な子どもが5人,6人いるという現在の大津市の状況では,個々の発達の姿や課題が捉えられ

ても保育としてどう展開したらいいかになかなか結びつかないのです。個別の巡回相談においてA児にとって必要と摑んだ内容が、B児にとっても必要とは限りません。2人の利害が相反する場合もあるでしょう。また、A児とB児の関係で整理したことをクラス全体の保育の中でどう位置づけ展開していくかとなると、たんに個別の相談で個々の発達を摑み、課題を整理するだけでは、どう保育を考えればいいか結局悩んだり行き詰まってしまう。それが「で、保育はどうしたらいいですかね？」という質問になってかえってきたのでした。

（2）巡回相談において子どもの姿や行動をどう捉えるか

　保育者がある子どもの姿や行動を捉えるときに、なぜ子どもがそのような姿や行動をみせるのかを考え、そこであらためて、子どもの見立てをすることになります。最初の時点で保育者が捉えた子どもの姿というのは、その保育者個人の捉えにもとづいています。その個人的な捉えを、その子どもにかかわる保育者全員が理解し共有できる捉えにしていくことが必要になります。その検討に巡回相談が役割を果たすことになります。発達相談では、発達という視点をもってその個人的な捉えを整理し意味づけ直すことによって、関係者の間での共通の理解につながることをねらうのです。また、子どもの状況によっては、発達以外の各専門家による個別相談においても、それぞれの専門性から子どもの捉えを整理し意味づけるということを行うのです。巡回相談では、保育者、発達相談等の各専門家がそれぞれの立場から捉えた子どもの姿を伝え合うことによって、そのときの子どもの姿を明らかにするとともに、関係者で共有する

ことを大きなねらいとしているのです。当然その関係者の中には保護者も含まれており、保護者が捉えた子どもの姿も巡回相談での検討を経ることでその子どもの見立てに大きな役割を果たしています。

（3）集団の中で子どもを捉えるということ

しかし、個々の発達の捉えから支援の手立てを考えることが即、実際の保育実践、保育上の課題の解決につながらないことがあります。子ども一人ひとりの課題に注目しすぎることで、クラスの保育全体としてどう運営していけばいいかが見えにくくなってしまうことがあるからです。そういう見えにくさに陥らないように、個々への配慮や手立てがクラス全体の保育にどうつながっていくかという視点を大切にし、保育者対子どもという１対１の関係にならないように配慮することが必要になります。そして、この視点は、大津の保育において「一人ひとりを大切にする保育」「ともに育ち合う保育」として大切にしてきた視点です。

巡回相談、とくに発達相談において、保育者が何に悩み何に困っているのかは、子どもの課題、それも個の課題として報告されることが多いように思います。それに発達相談員が応じ、子どもの発達課題やかかわりにおいて大切なことを助言する形で相談が展開されることがあります。しかし、保育者が実際に悩み困っているのは保育についてなのです。保育は集団の中で展開されているのですから、当然集団を捉えることが必要になるわけです。それも、個と集団とを分けて捉えるのではなく、それぞれの個を含む集団全体として捉えることが、保育を考える上では必要なのです。

大津における障害児保育が目指す「ともに育ち合う保育」も、

「障害児と健常児がともに育つ」という障害児と健常児を二分する捉えではなく,「障害の有無にかかわらず全ての子どもがともに育つこと」を目指しています。

　子どもの姿を捉え,保育上の手立てを考えるためには,まず①個としての子どもを捉える,②それぞれの個の集まりとして集団を捉える,そして①②を踏まえ,③集団全体として捉え直すということが必要になります。この3ステップを経ることで,個の捉えが集団の捉え,そして集団の育ちの捉えへとすすんでいくのです。

3　巡回相談の実際

　では,事例を通して実際の巡回相談（ここでは発達相談）がどのように展開されているかをみていきましょう。

（1）事例A：3歳児のつながりは先生がモデル
①年度前期（個別相談）
　「ひとり遊びばかりでなかなかお友だちと遊べないんです」「お友だちとつないでいくにはどうしたらいいですか？」これが担任の先生からの主訴でした。

　3歳児クラスに在籍する周君は,発達としては幼児期の世界に入ってきているのですが,自分のペース・自分の世界で遊びや行動が展開してしまうというように,対人面での課題をもっている子どもでした。年度前期の巡回相談（発達相談）においては,積み木のトラック構成模倣ではモデルの積み木も取り込んで横一列で走らせる真似をする,描画模倣の縦線・横線模倣ではペンを走らせる向きを

検査者の動きに合わせるという姿でした。つまり，相手の行動を取り入れて行動を展開しはじめているという姿でした。

しかし，保育場面においては自分のペース・自分の世界で遊びが展開しがちであり，自分の世界でなら，遊びに変化をつけて遊びこむことができるのですが，その遊びをなかなか他者との間で展開できないという姿が見られました。

上記のような積み木の構成模倣や描画模倣での相手の行動を取り入れる姿が見られるものの，その後が相手との間で展開しないため遊びや行動が単発できれてしまったり，行動の締めくくりがないまま次の行動に流れていってしまうという姿が見られました。遊びや行動が，他者との間で展開せず，他者からの意味づけがなされないままに終わってしまうので，結果として物の操作も感覚的な繰り返し，つまりは操作が操作で終わってしまうという姿になってしまうようでした。しかし，相手に対して興味があるから模倣をするのだろうし，自分の世界で行動が展開しがちだけれど，きっと相手とかかわることへの意識の芽はあるはずだという話になりました。

そこで保育者とは，本児の行動や発語に意味づけをしてあげることが大切だということを確認しあいました。自分が何かをすることに対して相手が共感し反応を返してくれることに気づくこと，そしてその気づきが相手からの反応・かかわりへの期待に育っていくことを目指しましょうと。反応の返し方・意味づけの仕方は，本児にそのつもりがあるかどうかは曖昧であっても，反応を返す側が「こういう意味よね」「こういうことがしたかったんだよね」「こういうことが伝えたかったんだよね」とつもりをもって返してあげること，意味づけてあげることが大切だということを話しました。

友だちとの関係づくりは，同じことはできなくても活動の場を共有し，本児の行動を周りの活動と同じ文脈で位置づけていき，先生やクラスの友だちと一緒が楽しいという手応えを摑んでいくことから始めましょうと伝えました。このようにして年度前期の巡回相談（発達相談）は終了しました。

　前期の巡回相談はこのように個別相談であり，集団との関係については意識しながらもあくまでも個に焦点を当て，個の課題を明らかにすることに重点を置いた相談と言えます。2009年度まではこういう相談を2回実施していました。

②年度後期（クラス相談）

　年度後期の巡回相談では保育観察を通して集団の中での子どもの姿，集団自体の姿を捉えます。午前中のコーナー遊びの様子を観察していたときの様子です。

　周君が紙を丸めた棒を鉄砲にみたてて「バン，バン」とどこを狙うでもなく撃つ振りをしていました。そこを通りかかったクラスの仁志君が「ウワァー」と言って撃たれた振りをしてくれました。周君は仁志君のその反応に気づき，ニコッと笑ってまた鉄砲を撃つまねを続けました。

　このやりとりをみて私は，前期相談の助言を生かして保育を展開し，友だちとの関係づくりをしてくれたんだと思いました。

　しかし，観察の後の保育相談において担任の先生から出された主訴は前期と同様に，「お友だちとつないでいくにはどうしたらいいですか？」だったのです。「あれ？」と思いながらも，うまく友だちと関係づくりができ始めている例として上述のエピソードを話し

ました。しかし、このエピソードに対する担任の先生の反応は「仁志君優しい‼」「クラスのみんなが仁志君みたいに周君にかかわってくれるといいな」というものでした。

たしかに仁志君の反応は素晴らしいわけですが「仁志君は気が利く」という話で終わってしまっては、いつまでたっても担任の先生の主訴である周君と友だちとの関係づくりについての悩みは解消しません。また、先生にとっては今後の保育の展開の手がかりが摑めないだけでなく、この半年の保育の成果を確信することもできません。こういうときに、子どもがなぜそのような（保育士が悩み困るような）姿をみせるのか、保育について語り合うことを通して発達相談員と保育者があらためて子どもの姿を紐解いていく共同作業としての巡回相談が必要なのです。

以下、その後の相談のやりとりを記しながら相談の展開をみていきます。

まず、この「仁志君は優しい」「仁志君は気が利く」という担任の先生の主観的な捉えを客観的に解釈し直し、子ども理解へとつないでいく必要があるわけです。

相談員「そうですね、たしかに仁志君の反応は素晴らしいと思います。ただ、仁志君が５歳児だったとすれば、仁志君の姿は相手の意図を受け、相手の立場に立ってものがみられる５歳児らしい姿ですねという話で終わるところです。自分に向けられたかどうか定かではないにもかかわらず、鉄砲を撃つという周君の意図を汲んで反応を返したのですから。しかし、このクラスはまだ３歳児クラスです。ここに大き

　　　　　な意味があるのです。3歳児クラスの子どもはまだ，5歳
　　　　　児の子どものように相手の立場に立って考えたり行動す
　　　　　ることは難しいのです。ではなぜ仁志君はこのように反応を
　　　　　返すことができたのでしょうか。」

保育者「……。」

相談員「3歳児の子どもは，とくに日常生活のことはどのように
　　　　　して覚えますか？」

保育者「大人が教える？」

相談員「そうですね。でも3歳児だと言葉だけで説明しても覚え
　　　　　ることは難しいですよね。大人が実際にモデルになってみ
　　　　　せること，そこに言葉を添えていくこと，その経験を通し
　　　　　て覚えていくことが多いと思います。」

保育者「そうですね。」

ここで，担任の先生は仁志君の行動を客観的に捉え始めます。し
かしまだ先生が行ってきた保育の価値までは気づいていないようで
した。そこで以下のように続けます。

相談員「仁志君が周君にこのような反応をしたのもモデルを見て
　　　　　覚えたのだと思います。きっと仁志君は先生が周君にど
　　　　　のようにかかわってるのかをみていたのでしょう。」

保育者「……。（まだピンときていない様子）」

相談員「先ほどの保育の中で，先生は周君がはさみのおもちゃを
　　　　　持って近づいてきたときに，周君が何も言っていないのに
　　　　　『散髪屋さんですか，ここ切ってください』と言っていま
　　　　　したね。そういう先生の周君にかかわる姿を周りの子ども

たちはよく見ているのだと思います。」
「『周君の行動に意味づけしてあげてください』という前期発達相談のアドバイスを受けて保育をがんばってしてくれたんですよね。」

そう話すと担任の保育者も「ああそうか」という表情になり、「そういえば」と次のようなエピソードを話してくれました。

「同じ自由遊びの時間で、周君が電子ピアノの上にコップを並べてみんなの方を向いて立っていたら、三つ編みの女の子が通りすがりに「ジュースやさんですか？」と声をかけていきました。周君にこういうかかわりしているのは仁志君だけじゃありませんね。」

ここで担任の先生は、仁志君の周君に対するかかわりが仁志君個人の力量だけではなく保育の成果であること、そしてクラス全体に保育者の周君へのかかわりが浸透しつつあることを確認することができました。

 相談員「先生が周君にかかわっている姿をクラスの子が無意識にモデルとして取り入れるぐらい、こういうかかわり方を先生が繰り返してきてくれたということだと思います。前期巡回相談時からの周君の保育の課題にも合っているということですし、3歳児にとって大切な『大人が子どもの行動のよきモデルになる』ということもできているということでもありますね。うまく周君と友だちをつなぐことができ始めていると思いますよ。」
保育者「ありがとうございます。」
相談員「そういう視点でクラス全体を見てみると、周君とほかの

第5章　個の視点と集団の視点から子どもを捉える

子どものかかわりのときだけではなく，クラスのほかの子ども同士のやりとりも同じように展開していることに気づきます。3歳児のみたてつもり遊びというのは，子どもだけで設定やストーリーをしっかり共有できるわけではありません。それができるようになるのは4歳児以降それも後半になると思います。そう考えると，相手の意図を汲んで遊びがつながり始めているということは，クラス全体にとって次の遊びへの展開につながっているということですよね。」

というように，最後は保育における個々人への配慮がクラス全体の保育につながっていることを確認して，後期の巡回相談を終えることができました。

　そしてこの相談には後日談があります。後期の巡回相談から1か月後，園を訪れた際に周君のクラスをのぞいたときのことです。周君がコップにいろいろな色のスポンジを詰め，他の子にそのコップを渡していました。周君が黄色のスポンジを詰めて渡すと友達が「バナナジュースですか？」と言って受け取り，緑のスポンジを詰めて渡すと「メロンジュースですか？」と言いながら受け取っていました。周君は相手からのその反応を期待してコップを渡しているようでしたし，そのやりとりを周君が楽しんで続けているようでした。しばらくその様子を見ていると，担任の先生が私のところにきてうれしそうに状況を解説してくれました。はじめは周君が一人でカップにスポンジを詰めていたそうです。周君が上手に色分けをしてスポンジを詰めているのをみて先生が「ジュースみたい」と言っ

153

たところ、近くにいた友だちがそれをほしがったそうです。そこで先生が、周君はジュース屋さんの店員さんという設定で友だちとつないだところ、その遊びが広がって、今ではこのようなジュース屋さんの場所ができ、そこで周君は店長さんをしているのだそうです。

後期の巡回相談から1か月経って、相談で話し合われたことが保育の中でまた一つ展開されていることを確認することができ、巡回相談を行うことの手応えを感じることができました。

（2）個の視点と集団の視点

「子どもの発達を捉える」ときくと「個の視点」が強調されているように受け止めがちですが、保育所での発達相談は「そこから始まる相談・支援」なので、当然そこには「集団の視点」も求められます。

子どもが個々の要求をもって集まることで集団ができるのです。たとえば保育の教科書に出てくるような「3歳児クラス」という集団がすでにあって、そこに子どもたちが入っていくわけではありません。3歳児が集まることで共通の発達要求をもった子どもたちが多くなるので、いわゆる教科書でいうところの「3歳児クラス」的な集団ができるのです。ですから、巡回相談においては、「どうすればクラスに入れない子どもがクラスに入れるか」という相談を受けることがありますが、そういう視点で個と集団の関係を捉えると話が難しくなるのです。

ではどう捉えればいいのか、周君の事例を振り返ってみましょう。周君は巡回相談から1か月後にはジュースやさんごっこの中心にいて、いわゆるクラスに入っているという姿になっています。しかし

第5章 個の視点と集団の視点から子どもを捉える

ここには,クラス集団と周君とを分けて,クラスに周君を入れるという視点はありません。「自分の行動に意味づけをしてもらうことで相手とイメージが共有でき,つながれることがうれしい」という周君の姿と,「共通のイメージのもと,集団でごっこ遊びが成立することが楽しい」という他の3歳児の姿がかみ合うことで,集団としての活動が成立しているのです。一人ひとりの発達的な要求が重なり合うところでクラス集団ができているのです。子どもは個々に異なる発達的な要求にもとづいて育っていきます。特定の子どもや「教科書的な〜歳児クラス」のような枠組みにあわせるということではなく,それぞれの要求の重なり合うところで保育が組み立てられたときに,すべての子どもが参加する集団が成立するのでしょう。

このことを,5歳児クラスの運動会におけるリレーへの取り組みを例にもう一度みていきましょう。

(3) 事例B:5歳児が対等につながるということ

5歳児の由伸君が,10月の運動会に向けての練習の後,ぷりぷり怒りながら園庭から部屋に帰ってきました。「麗ちゃんがいるから今日もリレー勝てへんかった。」保育観察に来ていた私のところに来て不満をぶちまけます。「麗ちゃん走るの遅いし,それにぜんぜん走る気もないし,すぐ止まって座ってしまうんやもん」ということでした。

麗ちゃんは巡回相談を受けている子どもです。その年の前期(夏に実施)の巡回相談では,「大小比較」に応じ,積木構成模倣では「汽車の模倣」「家の模倣」に応じることができました。発語は「イヤ」「ナイ」といった意思表示の言葉と,名詞が少し出始めた

ところでした。

　上記の姿などから，発達は対の認識の発達段階にあると判断しました。ですから，「デキル・デキナイ」「スキ・キライ」「スル・シナイ」という状況になったときには，どちらか一方を選ぶことはできますが，だいたいデキルコト・スキナコト・シタイコトを選ぶことが基本で，デキナイ・キライ・シタクナイと感じたことは選ばないという姿になることは予想できました。麗ちゃんは筋緊張の低さもあることからとくに運動は苦手で，デキナイ・キライ・シタクナイと感じることが多いのです。前期の巡回相談でも保育者から，デキナイ・キライ・シタクナイと感じると梃子(てこ)でも動かないという姿をどう卒業するかが，今後の課題として挙がっていました。

　デキナイ・キライ・シタクナイと感じると梃子でも動かない麗ちゃんでしたが，デキル・スキ・シタイと思うと張り切って周りの人にいいところを見せようとする姿がありました。その姿から，麗ちゃんがいいところを見せようと張り切って取り組むことができた手応えを感じさせてしめくくることを大切にしようという話をしました。その手応えが，モットシタイ・ガンバリタイという気持ちにつながり，デキナイ・キライ・シタクナイで動かなくなる姿からの卒業につながるのではないかと確認して，前期の相談を終えていました。

　リレーの話に戻ります。運動会の当日，リレーで由伸君のチームは負けてしまいました。私は由伸君に「やっぱり麗ちゃんがおったし勝てへんかったか？」と話しかけました。すると由伸君からは「麗ちゃんはええねん。がんばらはったし」という答えが返ってきました。

第5章　個の視点と集団の視点から子どもを捉える

　障害児保育の実践で，5歳児のリレーの取り組みが報告されることがよくあります。発達上の課題もあって走るのが遅い子のいるチームがどうしても勝てない，チームの友達がその子がいるせいだともめる，しかし取り組みを重ねる中で，その子をフォローして勝つ方法をチームみんなで話しあうという形で実践がすすんでいきます。こういうリレーの実践は5歳児の保育としてとてもいい実践だと思います。5歳児になると，人それぞれできることとできないこと，得意なことと不得意なことがある，みんなそれぞれだという多面的なものの見方ができるようになります。その力の獲得により，障害をもった子のこともクラスの中で同じ仲間として受け入れていくことができるという実践です。でも，この5歳児のリレーの実践を聞くと，大事な実践だと思いながらも私の中ではどこかで少し引っかかりを感じることがありました。何が引っかかるのかがはっきりとしないまま時が過ぎていたのですが，この由伸君の返事で気づくことができたのです。どうもこういう実践報告においては，5歳児のリレーに障害児をどう参加させるか，というところに力点があって，障害をもった子も同じクラスの仲間として受け入れているというが，本当にこれで対等な関係につながっていると言えるだろうか，という引っかかりだったのです。また同時に，その子だけ特別にフォローされるということは「その子だけ特別」ということを意味しているのではないか，という引っかかりもあったのです。

　しかし，由伸君の答えはその引っかかりに気づかせてくれるだけでなく，そんな引っかかりを振り払ってくれるものでした。麗ちゃんは足が遅くてもがんばったからそれでいいというのです。特別扱いされていないのです。そして由伸君は「麗ちゃんはええねん。が

157

んばらはったし」の後にこう続けたのです。「麗ちゃん，苦手な棒登りもがんばらはったしな。」由伸君はリレーのことだけ言っているのではなかったのです。

 運動会が始まったときは，リレーだけでなく，どの種目に対しても座り込んで取り組もうとしなかった麗ちゃん。しかし，前期巡回相談で話し合ったことを生かし，日々の保育の中で麗ちゃんができそうなことから少しずつ「デキタ」という手応えを積み上げて，運動会の種目にもチャレンジするところまで気持ちを高めてきました。これは麗ちゃんの「ホントウハシタイ」「デキタトコロヲミンナニミセタイ」という思いをかなえ，発達として次への一歩につないでいくための支えをいれた結果でした。その麗ちゃんの変わっていく姿を見ることで，由伸君は麗ちゃんのことを自分と同じがんばる5歳児の仲間として受け入れたのでしょう。

 由伸君，麗ちゃん，それぞれの発達の姿と次への発達要求は異なるのですが，5歳児のリレーという実践を通して，その異なる姿や要求が重なり合うように保育が組み立てられ，集団づくりがすすめられている，その結果として，運動会での麗ちゃんの姿があり，リレーの後の由伸君の言葉があるのです。

 この事例は，私の5歳児のリレー実践に対する引っかかりを解消するとともに，大津の「一人ひとりを大切にする保育」が「ともに育ち合う」ことにつながっていること，つまりは一人ひとりの子どもの発達からスタートする支援が集団の育ちにつながる保育実践を実感させてくれることとなりました。

第5章　個の視点と集団の視点から子どもを捉える

4　巡回相談が目指すもの

(1) 専門家同士が保育について語り合う場としての巡回相談

　周君の事例はどちらかというと，発達相談員の主導ですすめられているという印象があるかもしれません。しかし，巡回相談がいつもこのような形ですすんでいくわけではありません。今回の事例の舞台が開園3年目の新しい園であり，担任の先生も20代前半のまだ経験の浅い保育者であったため，どちらかというと発達相談員がリードした形になったのです。実際の相談をすすめるにあたっては，お互いの専門性を尊重しその専門性を越えない限りで，保育について語り合いすすめていくので，このように発達相談員がリードするケースもあれば，保育者のリードですすむ場合もあるのです。たとえば由伸君の事例は，たしかに由伸君の一言が気づきにつながったのですが，保育者との間で保育の中で大切にしてきたことを教えてもらっていなければ，この実践の意味をこのようなかたちでまとめることはできなかったでしょう。

　大津の巡回相談が現在のように個別相談とクラス相談の2本だてになったことは，個と集団という視点で子どもを捉えるという子どもの捉え方についての問題も大きかったのですが，発達相談員（専門職）からの一方向的な指導に偏りがちな従来の相談から，相談員と保育者の語り合いの中ですすめられていく相談へとシフトしていく上でも必要な変更だったと思います。

(2) 全ての子どもの発達保障のために

巡回相談における発達相談員の基本的な役割は，子どもの発達を診断し，その結果を日々の保育の中で役立ててもらえるように保育者にフィードバックすることにあります。ただ，大津市幼児政策課が実施する巡回相談としては，これからの大津の障害児保育を担っていく保育所・保育者を支え協力し合う関係を築き，大津の障害児保育を充実・発展させていくことに寄与するという役割も大きいのです。そういう視点に立つと，保育者と相談員が子どもを中心におきながらも，「保育」についてともに語り合い，現場で起こっている様々なことを共有し共感し合える相談が必要になるのです。

大津市では障害児保育の制度化に伴い，その実践を支えるために巡回相談の整備が始まりました。現在，巡回相談事業を担当する幼児政策課には発達相談員が5人（正規職員2人，嘱託職員3人）配置されています。保育所・幼稚園の運営の担当課に発達相談員が配置されている自治体は少ないかもしれません。しかし，幼児政策課の職員が巡回相談を担当する，つまりは巡回相談事業自体を担当することで，保育現場からの要望をもとにそれを施策として展開していくことができるのです。巡回相談の実施形態の変更についても，保育現場からの要望を受け，実際にかかわる相談スタッフが，大津市の障害児保育における巡回相談事業としてはどうあるべきかと，行政職としての視点で事業を見直すことによって実現しているのです。

発達診断を含む発達相談は，発達指導・発達保障実践の中に出発点として組み込まれた大切な個々人と社会を結ぶ活動と位置づけられています（白石・白石，2009）。大津では，個々の相談が，障害児保育全体の充実・発展につながり，そしてそれが全ての子どもの発

達保障につながっていくことを意識しながら、日々の巡回相談を行っています。

〈大津市の障害児保育についての補足説明〉
（1）障害児保育の必要性の判断は、大津市幼児政策課・保育幼稚園課・障害福祉課・健康推進課、大津市教育委員会学校教育課・教育相談センター、大津市障害者自立支援協議会事務局のスタッフからなる大津市障害乳幼児療育スタッフ会議において行っている。会議のメンバーには、小児科医師、保健師、発達相談員、保育士、教員といった専門スタッフも含まれている。

（2）障害児保育実施園に対して保育士の加配を行っている。子どもの状況に応じて重度1対1、中軽度3対1の基準で保育士を配置している。また、対象児の在籍するクラスの保育を充実させる目的、たとえば3歳児30人のクラスを15人2グループに分けて保育を行うことで在籍する対象児を含めたクラスの保育を充実させたいというような場合に、障害児保育充実加配という形で保育士を加配している。大津の障害児保育では、基本的に担当制をとっていない。担当保育士だけに保育を任せるということにならないよう、クラス全体・保育所全体で保育をする、その子を含めたクラス全員の保育を充実させる、ということを大切にしており、その考えのもと、この充実加配のような加配制度も生まれている。

（3）「障害児保育の必要性について経過をみながら保育の中で配慮することが必要な子ども」「家庭支援の必要なケース（児童虐待ケースも含む）で、保育上でも支援が必要な子ども」「発達上のアンバランスさ、対人関係の弱さ、多動傾向など行動コントロールの課題、といった発達上の特徴があり保育上の支援が必要な子ども」など、クラス全体の保育の中で、配慮をする必要のある子どもについて、「保育上配慮を要する子ども」と位置づけ、その子どもたちを含むクラスの保育をどのようにすすめ、個々の子どもに対して保

育の中でどのように支援していくかを考えるために，障害児保育巡回相談における個別相談とあわせて保育観察・保育相談を実施している。大津の保育相談においては，「気になる子」という言葉を用いず「保育上配慮を必要とする子」という言葉を用いている。子どもが「気になる」という状況を，子ども個人の課題として捉えるのではなく，保育の課題として捉え直そうという意図がそこには込められている。

〈引用・参考文献〉

浜谷直人（編著） 2009 発達障害児・気になる子の巡回相談――すべての子どもが「参加」する保育へ ミネルヴァ書房

河本千帆・髙田智行 2014 保育所における障害児保育の実践と巡回相談 障害者問題研究, **42**（3）, 199-204.

白石恵理子・松原巨子・大津の障害児保育研究会（編） 2001 障害児の発達と保育 クリエイツかもがわ

白石正久・白石恵理子 2009 教育と保育のための発達診断 全障研出版部

第6章

保育者が期待する巡回相談とは
――大津市の保育相談員の経験から――

野本千明

1 保育の専門家は，やはり保育者

(1) 巡回相談に保育者が加わる

　その始まりは突然訪れました。民間保育園から巡回相談を終えて市役所に戻った発達相談員が，保育課に在籍する私にこう言ったのです。「一回の相談だけでは支援にならへんわ。担任の先生は大変苦労してはるし，今度一緒に来てくれへんか」と。それが発端となり，保育者である私も発達相談員と同行することになりました。こうして巡回相談員と保育者がタッグを組む保育相談[1]が始まりました。今振り返るとさほど計画的に始まったとは言えませんが，その必要性は当時の私にも十分納得できるものでした。

　発達相談員は，障がい児保育制度の対象となっている子どもの保

（1）保育園からの依頼を受けて，保育内容や展開方法，クラス運営などについて，保育参観の上，保育相談にのります。継続して相談にのるために，一度目は発達相談に同行し，次からは保育者だけが訪問して保育相談を行いますが，発達相談員と連携しながら行います。

育園を巡回訪問して，発達診断を行います。その結果を子どもの保護者に報告します。それだけでも十分な時間を必要とします。その上で保育場面を踏まえたクラス保育の相談を行うとなると，加えて時間が必要となります。

しかしながら，大津市では，対象児に対して年2回の巡回相談を実施するのもやっとのことです。ましてや1回の相談時間は半日単位しか充てることができず，午前と午後の1日2回巡回相談に出向くことも日常的です。こうした時間の制約もあり，必要性を感じていても十分に保育の相談に時間を取れない現状にありました。そこで，当時，保育現場から保育課への異動で，主に保育所職員研修の企画運営を担当していた私に声がかかりました。

巡回相談に同行する際に，私が気をつけていたことが3つありました。

1つは，担任の肩代わりをして保育を語らないことでした。困っている保育者が真に相談したかったことは何なのかに辿り着くために，保育について発達相談員と理解し合えるよう保育者を支えることが役目だと捉えていました。私自身がそうであったように，発達について学ぶ意義を保育者自身が見出せる巡回相談となることが重要だと捉えていたからです。

2つめは，子どもを中心において保育を検討することでした。保育に迷ったら子どもの姿に立ち返ることを基本としました。

3つめは，対象の子どもの発達の状態を診断するような話はしないことでした。巡回相談時には，発達相談員が発達診断（発達検査）を行いますが，それについての話は，相談員のみが行いました。発達相談員には発達相談員にしか担えない役割があり，保育者には

保育者しかできないことがあると思ったのです。

(2) 保育の専門家は保育者

　巡回相談へ保育者のかかわりを求めた発達相談員には，もう一つ別の理由がありました。それは，発達相談員は心理の専門家であって保育については素人だということでした。「子どもたちの成長・発達に結実する保育をつくりだす者の喜びやその過程の面白さを，苦労してでも自らの手で実践の中で摑み取ってほしい」との思いが，保育者を保育の専門家として尊重する発達相談員の心の内に感じ取れました。

　巡回相談で子どもの課題が明らかになると，保育者は往々にして「では，どのように保育したらいいですか。その方法を教えてください」と，質問するというのです。担任から相談を受ければ放ってはおけないものの，保育の専門家でもない者が保育を語るのは憚られるところがあったと言います。

　対象児の発達の力や課題は，発達診断により明らかとなりますが，その子どもが発達課題を乗り越えて育つための支援の手立てや保育の組み立ては，保育者として発達診断の結果を受けて明らかにする必要があります。しかしながら，保育の手立てまでも発達相談員に依存したくなるほど担任が困っているのが現実でした。

　その現状で，他園の保育にアドバイスと称して私が気づいたことを何か申したところで，その場凌ぎにすぎないと思い，幾度もその言葉を飲み込みました。発達相談員としての心の内からすれば，私が保育を考えるのでは，まったく相談の意味をもたないとわかっていました。担任が保育をつくりだしていく応援となる保育相談を委

ねられたのです。私はそのことを理解して引き受けたのですが、保育者として思うところや気づいたことを話し出しそうになるのを飲みこみ、どこから切り出せばよいか戸惑うばかりでした。

　保育のあり様は、保育者の数だけあるとされます。楽しい保育を工夫する保育者もたくさんいます。楽しい保育の根底には、子どもが自ら成長していこうとする力を引き出す指導や援助という原石が埋まっています。中には玉石入り混じった保育もあります。重要なかかわりをしていても何が重要だったのか、実のところ気づいていない保育者も少なくありませんでした。

　次第に、巡回相談は、保育者が自らを高めていく好機にもなれば、保育への情熱を削ぐことにもなりうると感じるようになりました。同じ保育者だからこそ、発達相談員の専門性にはない実践者としての知識・経験からの気づきによって、相談者を好機に導く応援ができると感じられるようにもなりました。そして、他者の教えによってその人の保育を変えられるものではなく、相談者が自ら保育を変革していこうとすることでしか変わらないことにも気づいていきました。

（3）保育をつくりだす醍醐味を自ら手放さないで

　私には、「この人と出会っていなかったら、保育の本当の楽しさに気づけていなかっただろう」と、思える発達相談員との出会いがありました。その人たちは、異口同音に「保育のことを発達相談員には訊かないで」と言っていました。ある相談員は、「ともに取り組む職場の仲間と実践を語り合い、保育の方向性を見出す。そうした実践研究のおいしいところを発達研究に渡してしまうのは勿体無いこと」と諭してくれました。また、ある相談員は、「発達研究は、

保育者が捉えた子どもの姿・場面・取り組みを発達相談員の捉え方から見て一側面を示すのであって，保育の悩みの答えを発達相談員に求めても見つからないと思うよ。保育実践者としての誇りを大切に」と発破を掛けられました。ややもすれば，巡回相談で例示された保育方法や方向性を職場の仲間との実践検討や保育研究を抜きに鵜呑みにすることを戒める言葉でした。

たとえ，相談員が保育者の悩みを解消しようとして示した客観的な保育手法であったとしても，障がいに特化した保育方法を，クラス集団を視野に入れた子ども観や発達観を抜きに取り入れてすすめたり，どの子どもにも同じ方法を当てはめたりする保育に警鐘を鳴らす，温かな忠告だったと感謝しています。

ときに，「教えてもらったとおりに保育しましたが，失敗しました」と話した保育者がいました。そもそも相談員のアドバイスは一例を示したヒントにすぎません。保育する上で重要な着眼点は含んでいたはずですが，今を生きている子どもたちと織り成す保育において，教科書通りに進まないことは保育者なら誰しも経験していることです。アドバイスの本質から，日々かかわっているクラスの子どもたちに最適な方法をつくりだす必要があったのです。クラスの子どもに響かなかったのは当然のことでしょう。

保育は，子どもたちの姿に気づきを得て，試しては自ら修正する紆余曲折のある営みです。苦労の末に子どもたちの成長・発達を実感したときは，保育者としての達成感，保育した者にしか味わえない保育の醍醐味を得られるのです。そうした営みを一人でも多くの保育者に感じてもらいたくて，私なりに保育の相談にかかわるようにしていました。

(4) 保育者と相談員, それぞれの専門性を発揮する

巡回相談では, アフターケアもますます重視されています。たとえば, 相談後に医療や訓練機関に紹介するケースや, 家庭的に問題のある場合には子ども家庭相談室へつなぎ, 家族へのフォローを始めるケースもあります。学区担当の保健師と連携して地域での生活支援と連携していくケースもあります。これらは, 各専門職が, その専門性を発揮して障がい児保育を支えるアフターケアです。根本的な解決につなぐために連帯して支援しています。

保育相談も, 実際の保育場面を踏まえた相談後の補完的な支援として多くの要望があり, 現在本市の巡回相談には, 一連の流れに保育の相談が必ず入るようになりました。

障がい児保育とはいっても, 障がい児の育ちだけでなく, 健常児の育ちも合わせて求められます。そのため, 障がい児個人についての相談のみならず, 子ども集団がともに育ち合う集団づくりについても相談する, クラス保育の内容検討の場にもなっていました。

そうした中, 保育者として保育実践に立ち向かう気迫の弱さを担任に感じるケースにもしばしば出会いました。

当時の私は, 巡回相談後に再度保育園を訪ねて, ときに担任に交ざって, 子どもたちの視線の向こうにあるものを捉え, つぶやく言葉に耳を傾け, 担任と子どもたちとの関係や保育の構図を肌で感じた上で保育の相談に乗るという, 巡回相談後の継続保育相談に応じていました。

発達相談員の説明が担任の理解を超えていたと感じたケースでは, 後の保育相談で実際の保育場面を例に半ば通訳のように発達相談員が伝えたかったアドバイスを解説したり, 担任が保育を分析するの

を手助けしたりするなど，同じ保育実践者だからこそ協同できることがありました。その結果，保育の奥深さにはじめて触れた気がすると語った保育者にも出会えました。

　子どもの家庭環境や生育環境の複雑化に伴って保育も複雑化し，多様な視点での保育支援が必要となっています。子どもの個性の理解も，日々の変化の把握も，一番身近にいて長時間一緒に過ごしている担任のもつ情報が，支援の重要な判断材料となります。

　保育者が自らを向上させる場として，事前の相談記録の作成を含め，巡回相談に臨むことそのものがその一つでしょう。また，受身の姿勢で巡回相談に保育の答えを求めるのでなく，保育の主体者として，協同する対等な立場から発達相談員の意見を受け止め，ともに解決策を見出そうとしてプロ意識をもつこともその一つでしょう。そうした意味から巡回相談は，保育者が研鑽を積む格好の場と言えます。

　保育実践者としての気概をもち，保育を応援してくれる他の職種の仲間とともに保育実践を見つめ直していきたいものです。

2　保育者が保育のプロとなるために

（1）巡回相談に苦痛を感じる保育者

　子どもの課題は明らかになっても保育をどうすればよいかわからないといった訴えとともに，巡回相談に苦痛を感じている保育者の存在も知りました。

　対象児のいるクラスには，通常の保育士配置基準に障がい児保育加算がなされ，複数いるクラス担任により，週替わりや月替わりで

障がい児に必要な支援を行う役割を一人の保育者に固定せずに交代して担うケースに多く出会いました。しかも，保育者が対象児だけに張り付くことはせず，クラスのどの子どもも友だちや職員と安全に楽しく園生活を過ごせるよう，チームで組織的に保育しています。

　担任は，経験年数にかかわりなく巡回相談時の発達診断の場面に同席し，子どもの様子を観察します。保育経験や子どもの発達の道筋の理解の度合いによって，巡回相談への向き合い方の違いも見て取れました。障がい児保育の経験が浅い保育者にとっては，発達相談を受ける子どもの姿をどのような視点で観察すればよいか戸惑うのも当然です。逆に，緊張感の続いた巡回相談を終えて達成感に変わったと話す保育者もいます。巡回相談に参加することをピンチと感じる人もあれば，学ぶチャンスと感じる人もいましたが，緊張する場面であることは共通していました。

　はじめての巡回相談に緊張しすぎて，「座っていたら発達検査が何が何だか摑めないままに終わってしまった」と表現した保育者もいました。また，「発達検査時の子どもの全ての行動と，子どもに対して発達相談員の発した言葉をとにかくメモしていました」と話す保育者にも出会いましたが，記録したものの，観察の視点が定まっていなかったためか，後から記録を読み返しても大切なことが読み取れなかったと話していました。ある保育者は，子どもの発達が順調であるか否かは，これまでの保育の良し悪しを問われているようだと話してくれました。また，ある保育者は，発達相談員の説明してくれる発達の話が理解できないと困惑していました。さらに，発達相談員が伝えたかったことが担任に正しく理解されなかったケースでは，対象の子どもの障がい像や発達課題が踏まえられてい

なかったばかりに、子どもの発達課題を保育者の保育課題、つまり保育者の力量不足として受け止めてしまい、自身の保育実践を責めていたことも知りました。

いずれにしても、担任としての保育への責任感から、自分の保育に対する審判が下されるかのような誤解が生じやすい状況が想像できました。保育支援として相談結果が保育実践にうまくつながっていかない、その誤解を解くことが急がれました。

(2) 巡回相談時のケース検討会をわかりやすいものに

巡回相談の印象は、その検討会のあり方に関係していると思われました。発達相談を苦手とする保育者たちは、よく"わからない"と口にしていました。子どもの発達の道筋を理解した上で発達診断の様子を観察するのと、そうでない場合では、その後の検討会が充実したものとなるか否かの違いは歴然です。前述のように発達相談の場にただいるだけと表現した保育者にとって、相談結果は理解し難いばかりか、検討会自体が苦痛だったに違いありません。

保育者が子どもの発達の道筋を理解しているという状態は、理論の丸暗記ではなく、理論が実際の子どもの姿と結びつくことです。単純に、経験が長ければ理解できているものでもないようです。逆に経験に縛られ、「子どもはこういうものだ」と固定的に捉えていた例も少なくありません。個人の感覚や経験に偏った子ども理解では、様々な課題を見せる子どもたちが生活するクラスの運営にも困難を極めます。

保育者は子どもの成長・発達を保障する専門職として社会的に期待される職業です。それは、日々の保育で子どもを丸ごと受けとめ、

心の通う信頼関係を子どもと築き，子ども時代が豊かに過ごせるようかかわり援助する人たちであってほしいという期待でもあります。担任は，自らの実践を振り返り，保育者としてのかかわりを見直し，子どもにとって豊かな保育を創造する努力を惜しまないことにより，その期待を裏切らないできたと言えます。

そこで，私は，担任する子どものことをどれだけ理解しているか，自身のかかわりとも結びつけて子どものことを発達相談員に説明できるか，などを聞き，その保育者が子どもを捉えるまなざしと保育と向き合う謙虚さに着目して，巡回相談後の継続保育相談にかかわっていきました。

担任が発達相談員に子どものことを伝える場面では説明されなかった，実際の言動には結びつかなかったけれど揺らいだ思いや子どもを捉えるのには必要だっただろう些細な出来事など，同じ保育者だから推測できる当然通っただろう保育経過を引き出し，「子ども理解」を丁寧に行いました。また，発達相談員から対象児について説明する場面では，保育者の表情から困惑しているのを察すると，先の保育観察場面での子どもの行動を例に挙げて発達相談員に質問して，発達相談員の説明をイメージしやすくし，保育のポイントが伝わりやすくなるように努めました。それは，巡回相談がどの参加者にとってもわかりやすいことが必須だと感じたからでした。

(3) 問題を協同で解きほぐす自己研鑽の場

クラスの子どもたちがともに育ち合う保育実践を目指す保育者たちにとって，巡回相談は，障がい児の在籍の有無にかかわりなくとても心強い保育者支援となっていることを，巡回相談に同行するた

第6章　保育者が期待する巡回相談とは

びに感じました。

とくに最近の保育現場では，乳幼児健診で育ちの弱さを指摘されていない場合でも，保育現場では，保育者にとって気になる行動を示す子どもたちの存在が多く取り上げられています。巡回相談の対象とはなりませんが，対象となる子どもの巡回相談に乗じて気になる子どもについての助言を求めるケースが増えています。以前から，「気になる子ども」などと異口同音に保育者が取り上げ，全国的にその保育が問題となっています。

集団生活における場面で顕著となる衝動的な行動に振り回されるものの，特別な配慮を必要とするという理解に結びついていないことから，保育者はその保育に苦慮してきました。こうした相談の対象となっていないケースにも真摯に向き合い支援してきたのが巡回相談です。

巡回相談では，事前に相談記録を提出します。そこには，保育に苦慮したときの子どもの理解しがたい行動を記録します。どんなときにどういった行動をとるのか，周りの子どもや担任との関係はどうだったか，担任のかかわりによって行動が変化したときの様子，保育がうまくいったと感じたときの経過など，保育の取り組みを記録します。その場にいない第三者にも保育が見えるわかりやすい記録になるように努めることで，保育を主観的な自己満足で終わらせずに多角的に保育の有り様を捉える力も身につきます。また，その記録をもとに発達研究の視点から子どもの行動を分析してもらえることで，保育者は子どもの願いがどこにあったのか，その思いを理解し，子どもの捉え方に変化が見え始めます。

保育者は，障がいがあることが子どもの生活に及ぼす影響を，と

もに過ごす中で痛いほど感じ取りそこに心を砕いています。その子どもが子ども時代を豊かに過ごせることを願うあまり，障がいを理由に周りの子どもとの違いにばかり目をとられ，一時的に迷路に入り込んだ状態の保育者も，巡回相談において絡み合う問題を一緒に解きほぐす存在を得るだけで，保育者自身が解決の糸口を見出すこともたくさんありました。保育者自身で解決の糸口に気づけたことにより自己肯定感を高めていくのを感じました。理路整然とした保育の話よりも，たどたどしいけれど子どもの姿をあれもこれも，と拾い集めたような原石に近い荒削りな保育実践の中に，楽しい保育を創造する可能性がいっぱい散りばめられていることもあるのです。

巡回相談は，経験だけでは理解し得なかった子どもの行動を，保育職と心理職の協同作業により多角的に見つめ直すようになり，固定観念を取り払って柔軟に考えられるようになり，自身で解決策を導き出すことを可能にしていきます。お互いの捉え方の違いに学びながら，お互いの専門性を認め合い，協同する意義を感じ取ることで互恵的に高め合っているのだと感じました。

自らが保育者として確かに成長していくためには，保育者としての力量を試される場面にも出会い，己の課題とするところと理想とする姿を明確にもちながら研鑽していくことが求められます。

3 巡回相談が，保育・保育者・園を変える

（1）ある事例に見る担任の葛藤

この事例は，子どもに問題があるから保育がうまく進められないという保育者の悩みから始まりました。保育者のかかわりはどうだ

ったのか，クラス保育としてのあり方はどうだったのか，その振り返りなしに，対象の子どもにのみ原因があるごとく語ってしまうことは，かえって保育の改善を遠ざけてしまうと感じました。担任と子どもたちとの関係や保育の構造が見えにくかったため，巡回相談後にも訪問し，保育場面を捉えて保育課題を見出していきました。

泰司君は，1歳のときに保育園に入園しました。乳幼児健診で気になる姿が認められたものの，障がい児保育制度を利用した入所ケースではありませんでした。2歳のときに保育園からの「言葉がでていない」との主訴がきっかけで，その後「発達遅滞」と障がい認定がなされ，巡回相談を開始しました。

私が同行したのは，4回目の巡回相談でした。

当時，泰司君は5歳になっており，保育歴4年目を迎え，4歳児クラス（20名）に在籍中でした。

4歳児クラス当初の姿を担任は，「保育室や担任が代わってもそれほど戸惑うことなく本児のペースで過ごしているが，友だちとのトラブルや保育室を出ることが多く，目が離せない状態が続いている」と記しています。一方，周りの子どもたちとの関係については，「クラスはとてもまとまりがあり，泰司君に対しても理解がある。最初は担任の声掛けから始まった子どもたちの泰司君への援助であったが，少しずつ子どもたち自身が泰司君のことを気にするようになり，自ら泰司君を助けるようになった」と記しています。

担任は2人。週替わりでクラスリーダーとサブの役割を交代し，設定保育のときはサブの役割の保育者が泰司君を援助します。泰司君の担当と決めるのではなく，担任2人がクラスの子どもたちと一緒に泰司君にかかわり，援助すると決めていました。

暫くすると，それまで独りでいるか担任と遊ぶことがほとんどだった泰司君が，友だちとのかかわりを求めるようになりました。担任2人は，泰司君にとって友だちの存在が大きくなっているので"友だちと一緒にする"ことを大切にし，そこから泰司君の自信へつなげていこうと考え，取り組んでいきます。

　そうした中，9月初旬に巡回相談がもたれました。保育園は10月に開催される運動会の取り組み一色に包まれていました。巡回相談では，「泰司君が運動会の練習にまったく興味をもってくれない」との悩みが出されました。4歳児クラスは園の恒例でカラーガードに取り組むことが決まっており，泰司君の興味が向かないばかりかクラス全体が彼の行動に振り回され，担任2人とも途方に暮れていました。

(2) 子どもの「問題行動」を「発達要求」と捉えられるようになった担任

　巡回相談の場で担任は，泰司君の落ち着きのない姿や，友だちの持っているものを欲しがり奪ってしまうなどトラブルの原因となる行動，泰司君の興味を運動会の練習に向けたいが見向きもしない姿など，担任が困っている行動を羅列して保育の困難さを説明しようとしました。それは，ややともすれば，泰司君がクラスにいることで保育が成り立たないと訴えているように聞こえかねませんでした。また，4歳児クラスの一員として泰司君が友だちと一緒に運動会に臨むこと自体が難しいのではないか，泰司君が成長するまでは問題解決が望めないといった諦めも出されました。はたしてそうなのでしょうか。

その原因は,担任の理解を超える子どもの姿にどうかかわったらいいのか困惑していることにあると考え,相談に乗っていきました。

　発達相談員は,子どもの問題とされる行動は,子ども自身の困り感から起こっている行動であると捉えていました。そこで,担任に「なぜ,子どもがそうした姿を見せると思うのか」「その行動の直前にどういった状況があったのか」「友だちとのかかわりはどうだったのか」「その後の子どもの行動からその原因となる状況に心当たりがないか」など質問していきました。担任の視点を子どもの外側からではなく,内側から捉え直すよう促しているようでした。

　友だちよりも先に,とにかく一番になれないと気のすまない彼のこだわりたい気持ちや,友だちの思いには気づけていない様子,担任がかかわれなかったことで泰司君が状況を理解できずに待ち切れない苛立ちから起こした行動であったと考えられることなどに気づき,担任は泰司君の行動を問題行動と捉えるのではなく,「みんなといっしょにやりたい」という発達要求と捉えるようになりました。彼自身が困っていた気持ちや,友だちと同じようにしたくてもできないもどかしさ,担任のかかわりが必要だった場面などに気づけたのです。発達相談員が彼の行動の要所について子どもの心理から丁寧に解説したことが,彼の行動を担任が内面から理解する手助けとなりました。

　さらに,保育者が子どもの気持ちを理解できていなかったという反省だけに終わらないように,発達相談員は2人の保育のあり方に踏み込んで理解に努め,保育を分析していきました。

　「わからない言葉を100回聞かされるよりも,1回見ることでわかることってあるよね」などと,彼の発達的特徴を踏まえたかかわり

などもアドバイスしました。もしも、彼の気持ちを汲み取れていたなら、保育者はどのようにかかわっていたか、明日の保育を考え出すためにも、担任が子どもの内面を読み取り自身でかかわり方を修正していけるように、保育を見直すことを支えていました。保育の粗を探すことはせず、担任が自らのかかわり方を改めようとする姿勢やクラスの子どもたちを思う情熱を称賛し、伴走者のように保育者を認め励まし続けたのでした。

　一旦は発達相談員の援助で彼の姿を理解できても、日々の保育では、発達相談員の援助なしに彼の姿から気持ちを読み取りかかわっていかなければなりません。巡回相談では、保育の土台にある、保育者が子どもの発達の道筋を理解し、子どもを発達の主人公として捉えていく力量や、必要な発達援助を見極めてかかわる力量を備えていると信頼して、その力を引き出していくことを心がけました。

(3)「できる・できない」にとらわれない子ども観へ

　保育者が子どもの育ちを実感する場面の多くは、これまでできなかったことができるようになったといった姿の変化を、新しい能力が身についたと捉えて成長を感じる場面でしょう。たしかに、はじめて寝返りをした、立ち上がった、歩いたといった瞬間に出会ったときの喜びは至上です。できなかったことができるようになる、できることが増えることは、子どもにも誇らしく、喜びであり、捉えやすい成長発達と言えるでしょう。

　しかしながら、できることが増えていくことだけで子どもの発達を捉えていくと、子どもの内面理解を見誤ることがあります。できなくなった姿の中に子どもの成長発達の変化を見つけることも、さ

らには新しくできることが増えていなくてももっている力を活かして豊かに活動する姿を見ていくことも，育ちを捉える大切な視点です。また，障がいがその子の生活全般に与える影響を保育者が想像できることも，障がいがあっても子ども時代を子どもらしく生きる保育をつくりだす上で重要なことだと考えます。

　「できる」「できない」の視点だけで捉えていると，「できないから保育に参加できない」と考えたり，クラス保育とは別メニューを用意したり，クラスの友だちと分離した生活にしてしまいがちです。一人ひとりの違いを認め合い，クラスの仲間・一員として安心できる居場所をもち，ともに育ち合う保育に取り組めるようになりたいものです。

　そうした意味から，保育者が自身の子ども観を捉え直してみることは大切なことですが，必ずしも自身の保育を理解できているとは限りません。保育を話し合える職員集団の存在や巡回相談といった機会があることで，意外に理解していない自身の保育傾向や見落としていた視点など，気づいていないことに気づけることを巡回相談にかかわる中であらためて感じました。

（4）保育者自身の気づきで保育が変わる

　理解できない行動や制御できない行動を子どもの「問題行動」と見ていた保育者が，「問題行動」は子どもにとっての「発達要求」，つまり大きくなりたいという子どもの願いの表れであることを学び，得心がいったことで，子どもを見る目が肯定的に変わっていきました。保育者は，注意したり制止したりする前に，「彼はなぜそうしたいのだろう」と，子どもの気持ちを考えるようになりました。

運動会当日,泰司君は大好きな友だちと並んでカラーフラッグを持ち,クラスの先頭を歩いていました。隊形変化では,友だちに呼んでもらうことで嬉しそうに移動していました。見たものに引っ張られやすく,何度か母親を見つけて走り寄る彼でしたが,友だちに呼ばれると戻っていきました。中でも,「ヤァー！」と声を揃え全員で立ち上がる最後の場面では,満面の笑みでカラーフラッグを頭上に掲げて友だちとともにいる姿に,担任だけでなく両親やクラスの保護者も職員も,そして保育の相談でかかわった私たちも感動し,彼の友だちの中でいきいきと活動する姿を喜び合いました。

　彼も大勢の人に注目された嬉しさと,友だちと一緒にポーズを決めるたびに沸き起こる拍手に大きな手応えを感じていたに違いありません。後の担任の感想でも,泰司君がクラスの友だちとかかわることを楽しむようになったと喜んでいましたが,運動会ではそれ以上に,「僕すごい？」とでもいうように見せた満面の笑みに感動したと涙ぐんでいました。その後も泰司君は,これまで繰り返し取り組んでもやる気のなかったトイレでの排泄や着脱などを,保育者や友だちの力を借りながら意欲的に身につけていきました。憧れの友だちの行動がモデルとなり,「自分も○○君みたいにしたい」という思いをエネルギーにして,「僕もしてみる」と意欲的に挑戦するようになったのです。

　担任は,「友だち,保育者,そして泰司君とで築いた信頼関係の三角形が崩れないように,クラスのみんなの意見を大切にする保育を続けていきました。年が明け春には5歳児クラスになるのを目前に,これまでは言葉の出ない泰司君の気持ちを保育者が代弁していましたが,『先生,泰司君〜したいのとちがう？』などと子どもた

ちから保育者の気づかないことにも気づいてくれるようになりました。みんなで育ち合っていることがとても嬉しいです」と話してくれました。

　教えられるのではなく，自分で子どもの願いに気づけるようになったことが担任の自信につながりました。同時に，園内では，主任保育士や同僚たちと保育の振り返りを行うことが日常的になりました。他の保育者から認められ，褒められることで，自身で抱えてしまいがちな失敗や反省も園の保育者たちに安心して話せるようにもなったといいます。保育者が自身の実践にもとづいて，子どもの成長発達や保育者のかかわりについて検証するようになると園の雰囲気が改まっていきました。発達相談員のサポートが保育を，保育者を，園を育てていくのを感じました。

（5）発達相談が保育を紐解く面白味

　保育者の相談記録には，子どもの姿についての保育者の悩みが綴られ，子どもの行動が理解できず，そのため保育が行き詰まっていくといった構図がうかがえました。巡回相談では，「その行動の根っこにあるその子どもの願い」に目を向け，保育者の主観による解釈から子どもを主体とする捉え方に改めていきます。発達相談員の視点が加わることで，保育者は，子どもの行動を表面的にしか理解してこなかったことに気づき，子どもの発達を踏まえた行動理解を試みるようになり，障がいの発達的特徴に辿り着くようになります。

　次の事例は，「自閉性発達障がい」と診断された豪士君の3歳児から5歳児までの3年間の保育実践で，その様子が捉えられます。

　保育園にいることすら苦痛なのかキーキーと奇声を発しながら走

り回り，水道の水を手に受けて長い時間じっと水の流れを見つめている子どもでした。保育1年目は，新しい保育室，保育者，友だちに慣れ親しむことを目標に保育が進められました。保育2年目は，担任全員が持ち上がっての進級で，環境の変化もさほどなく，安定した生活の中で周囲へも関心が広がり，自分のしたいことが少しずつ外へ向けて出せるようになりました。担任やクラスの数人の友だちとなら楽しいと感じられる時間がもてるようになり，人と生活をともにする時間も増えていきました。

　保育3年目は，担任も保育室も変わりました。すると，原因不明の発熱が続き，パニック状態と思われる姿も現れたのです。そのときの様子は，こうです。戸棚を見れば扉をあける。ボタンを見つければ押す。手に持てる物を目にすると投げ捨てる。事務室では入るなり机の引き出しを次々と開け放し，ロッカーの扉を開け，棚から本を引っ張り落とし，簡易手洗い台の水道蛇口を思い切り開栓し，体重計に上がりドタドタと足踏みをするという一連の行動を，目に付いた順に繰り返すのでした。

　担任は，豪士君の行動のマイナス面だけを捉えていきます。その結果，行動を制止しようとします。保育2年目には，担任が「ダメよ」と声をかけると行動を止めて担任の背におんぶして甘える姿を見せていたこともあり，同様に「ダメよ」と言葉をかけても，豪士君の大好きなおんぶで受け止めようとしても，うまくいきません。

　2年間の保育の積み重ねで，クラス担任と共感関係を築き，数人の友だちとなら遊びを共有する園生活も送れていたのに，気持ちを預けられる担任がいなくなったことで全てが逆戻りしてしまいました。5歳児担任は，豪士君が何を求めているのか捉え直すことを迫

られました。

　豪士君が見たものに執拗に反応していく姿から，何とかその反応を遊びにできないかと考え，「引き出し遊び」に誘いますが，「引き出してもいいよ」と差し出されたものに長く興味を向けることはありませんでした。その場面について担任から話を聞いた発達相談員は，その引き出しについて具体的に尋ね，保育者がマス目状に9つの引き出しがある半透明のプラスティック製だと答えると，それでは豪士君は興味を示さなかったでしょうと，発達相談員は彼の反応について最初からわかりきったことだったと言ったのです。豪士君にとって，中身が見えないから引き出してみたくなるのであって，半透明の引き出しは引き出すまでもなく中身が見えるから楽しくないというのです。豪士君は，自分でいろいろ試して確かめることを繰り返していたのです。

　巡回相談では次のことが整理されました。「豪士君は，2年間の保育で大人との関係を丁寧に深められてきたこと」，でも，「話し言葉で活動や生活の目標を共有する力は育ちきっていないこと」。だから，「保育3年目にして保育室も担任も変わったことについて『〜だから…』というように言葉の世界で納得することは難しいこと」，「彼なりに自身で納得するには，自身ができる方法で確かめてみるしかなかったこと」などです。ほどなくして，豪士君の行動は収まりました。それは，5歳児担任との関係が結べたのと同時期でした。

（6）保育者の成長を見守り支え続けた巡回相談

　発達相談員は事前の保育観察や発達診断からその子どもの発達段階を把握しています。障がいや病気があるからそのような行動をと

るのも仕方がないなどとは絶対に言いません。保育場面で保育者が捉えている姿と、発達診断での姿を付き合わせながら、子どもの行動理解を援助してくれます。

この事例では、あたかも目に触れる「物」自体に一方的に反応しているかのように見えた行動は、豪士君にとっては自分が起こした行動に対して「物」が反応する様子を見て喜んでいた行動でした。それを経て、少しずつ周囲の人にも目が向くようになっていきます。

やがて、豪士君の行動を制止するのではなく、くすぐり遊びで気持ちを物から人へ移すようにすることで、保育者とのじゃれあい遊びや手遊びに興味が移っていきました。歌や音楽が心地よいものに変わり、信頼関係が築けた担任やクラスのお気に入りの友だちの動きを真似て、リズム遊びや体操を一緒に楽しむ姿も見られるようになりました。

発達相談員の助言により保育者は多くのことに気づき学びました。子どもの姿を一面的に理解していたこと。発達の道筋を踏まえる意味は、本来、子どもが何に楽しいと感じ、何に手応えを感じ満足しているのか、子ども側から捉えるのに活かすことであったこと。坂道を上るがごとく右肩上がりに成長発達していくのではなく、階段を上がるがごとく、しかも行きつつ戻りつつ、足踏みしたり、同じ場所をくるくる回りながらも進んでいくこと……。

それは、2年間かけて信頼関係を強く結んだ元担任が、突然周囲からいなくなってしまったことへの戸惑いから見せた姿や、2年間の保育園生活で身につけた力を発揮して、新しい担任との関係を築き直そうとした姿が証明していました。

子どもの行動の根っこにある思いをちゃんと受け止められることも，保育の醍醐味の一つです。巡回相談は，発達相談員に子どものことを教えてもらう場ではなく，発達相談員が投げかける質問に，保育者が保育を自身で回顧しながら，自身の保育（かかわり・子ども観・保育の組み立て・周囲の子どもたちとの関係性など）を見つめ直し，丁寧に保育をつくりなおしていく協同の作業場であり，保育者が育つきっかけをつかむ研鑽の場だといえます。

4　同行して気づいた巡回相談のあり方

（1）新しい風を吹き込み，保育を芽吹かせる巡回相談

　保育現場では，保育が成り立たない原因を保育の構造にあるとせず，「気になる子」と称して子どもの育ちや，生育環境，保護者の養育力低下といった保育実践の外のことに求めてしまう傾向も否めません。保育は年々難しくなっているとする保育者の実感もあり，けっして保育者個人の資質だけを問題視するつもりはありません。むしろ，保育を構造的に捉え直して振り返り，丁寧に組み立て直す作業が，全ての保育現場で実現することを望んでいます。

　保育園では，園長と主任保育士（呼び方は園により異なる）が，日常的に保育相談に乗り，保育指導や援助も園内組織で行われています。園内は，子どもと保育者，子どもと子ども，保育者と保育者等様々な人間関係で織り成され，それぞれの感情が交錯しています。保育の振り返りは，そのときの思いや感情を抜きに語れないことから，感情的に語り合うことになりやすいのです。

　ややともすると自分だけの思いに囚われ，職場の仲間との間に

「子ども観」や「保育観」のズレを感じてしまい,保育を批判されたと感じて落ち込んだり,必要以上に反省に偏った懺悔の会に終わったりということも生じてきます。

「子どもの姿の捉え方の違いへの気づき」や「何が問題で何が課題かを整理し分析する力」「保育の手立てを見出す冷静さ」は,安定しない人間関係の中では感情に邪魔され,冷静な判断が失われてしまいやすいのです。

また,「保育の正論」に囚われるあまり,創造的に話し合えなくなってしまう窮屈さを経験したこともありました。こうして,明日からの保育への指針も得られないまま,ただ時間を費やしてしまうことで疲労感も大きくなります。どれも閉塞的な悪循環です。

そんな中,巡回相談が外からの風となって閉塞感を打破することがあります。巡回相談を機に保育者が輝きを取り戻していったケースには,共通して保育について語り合う楽しい時間が流れていました。相談の結果,保育者の考え方に変化が生まれ,新たな保育が芽吹く瞬間がありました。

(2)「保育を知る楽しさ」が感じられる巡回相談

巡回相談を「楽しみ」に感じるか「苦痛」に感じるかの分岐点は,子どもの発達について学ぶことが楽しい,面白いと感じられるかどうかにあるようです。発達の道筋が目の前の子どもの姿を通じてわかるようになり,見違えるように保育が変わっていった保育者にも出会いました。反対に,子どもの力を評価する物差しのように発達を捉えてしまうと,子どもを「できる」「できない」といった二分的評価で見てしまったり,子ども同士を比較して見たりする傾向も

第6章 保育者が期待する巡回相談とは

否めません。

　ある新人保育者は，発達の道筋を十分に理解しているとは言えませんでしたが，子どもの気持ちによりそうことに長けた人でした。子どもの心によりそい，子どもの気持ちをまず考えようとする，そんな新人保育者が語った保育実践に，発達相談員が，その実践が子どもにどのような意義をもたらしたのかを丁寧に解説して返したことがありました。その新人保育者は，保育を構造的に捉える面白さや，発達について学ぶ意味を体得し，同時に，保育に迷ったらクラスの子どもたちの姿に立ち返ることを基本とするようになったといいます。

　また，ある保育者は，クラスの友だちと一緒に行動できないAちゃんの姿を問題視するあまり，Aちゃんだけに個別に対応することで，他の子どもたちだけでクラスのまとまりを保とうとしました。ますますクラスの中にAちゃんが存在しない時間が増え，クラスの友だちもAちゃんにかかわろうとしなくなりました。しかし，巡回相談をきっかけにして，クラスのみんなと一緒にできないのは，その子どもに障がいがあるからではなく，また，Aちゃんを別行動させることは，Aちゃんを大切にすることにはつながらないことに気づきました。保育者の都合で子どもたちを動かすのではなく，子ども同士のぶつかり合い，互いの思いの違いに気づくことで子どもがたくましく優しく育っていく，そこによりそっていく保育に巡回相談がきっかけとなって転向していきました。

　障がい児保育は大変という印象から抜け出し，障がいの有無にかかわりなくみんながともに育ち合う保育や，一人ひとりがクラスの中に居場所をもち，一人ひとりが大切にされる保育へと向かうため

に，巡回相談は，保育者自身でそのための答えを見つけ出すことを応援する場となっています。保育の面白さを巡回相談で見出せる，そこに楽しさが感じられるのです。

（3）保育研究と巡回相談が融合して高め合う

　子どもの行動（育ち）をどのように見るか，子どもの行動（育ち）をどのように理解するか，保育者のかかわりをどのように改善したら，子どもの行動（育ち）はどう変わったのか，なぜ保育者はかかわりを変えようとしたのか。そうしたことを巡回相談がきっかけとなって園内で話し合えるようになることに大きな意味があります。

　発達相談の結果を職員会議で話し合うことで，職員各人の保育観にも変化がもたらされます。保育展開に変化が生まれると，子どもたちの姿も変化してきます。子どもの姿に保育の成果を目の当たりにしたとき，話し合いによって共有されていた課題が園全体の感動に生まれ変わります。保育の醍醐味を味わうところまで到達できてはじめて，相談場面での「苦しみ」は「達成感」に変わっていくのです。

　保育を検証する作業は，保育者の子ども観や保育観を問い直すことにもなります。保育者自身の育ちに絡む問題が影響してくることもあります。また，その園の職員集団に仲間関係の課題があったりすると，保育の検証作業が個人の感情に邪魔され，「保育を否定された感覚」が生じるなど，冷静に行うことができません。一方，園内の話し合いから「保育のヒントを自ら得る感覚」がもてると，ますます職員間で話し合うことが面白くなっていきます。さらに，自

分の楽しい保育を周囲の同僚にも伝えたくなります。人に語り，共感してもらえたことで，「これでよかったんだ」とあらためて保育を振り返る機会にもなります。共感を得た考え方でこれからも保育をしていこうという確信にもつながって，園内で正の循環が起きていくのです。

　保育者が保育の専門家として育っていく過程や，園の保育の質がよりよいものになっていく過程にかかわる巡回相談は，子どものためだけでなく保育者や保育園のために欠かせないシステムとなっています。

　大津の保育者の中で，「一人ひとりを大切にする保育」「仲間とともに育つ保育」を基本理念とする保育が脈々と引き継がれている背景には，障がいのあるなしにかかわりなく，子ども一人ひとりが発達の主人公となる保育を追求する保育者や保育園の姿勢が引き継がれていることにあると考えます。クラスには障がいのある子どもも当たり前に存在することや，子どもは子ども集団の中で育つという認識が，今も保育実践を創造していく根底に流れています。

　ここへ至るまでにはそれを築いてきた先輩たちの存在があり，試行錯誤の末に残してくれた保育実践があります。毎年度末には，公立・私立を問わず市内のほとんど全ての保育園等から障がい児保育についてのレポートが発表され，その中からその年度の特徴的な事例が選ばれ，実践報告会で報告されます。各園から参加し，他園の保育実践の教訓を共有し，参加者は各園へ戻って研修報告を行い，保育実践の教訓は市内の保育者に広く共有されていきます。レポート発表からも巡回相談が各園の保育者を支えてきたことが読み取れ，その果たしてきた役割・功績はとても大きいです。

保育研究と巡回相談が融合することで，保育者だけでは見えなかった問題点や読み取りにくかった子どもの思いにも気づけるようになり，保育者だけでなく子どもの育ちも豊かになります。また，クラス集団の育ちや保育運営の方向性について，丁寧な保育討議が園内の職員間に定着していくことが期待できます。保育者がもちえない異なる視点と出会うことで，保育者自らが力量を高め，園としての力量も高まっていきます。

　保育の力量，巡回相談の力量，双方は協同することによって相互に高め合う関係，つまりともに育ち合う関係にあるのです。

第7章

保育者の労苦に共感し保護者と連携する巡回相談
——発達保障論からの実践をもとにして——

別 府 悦 子

1　保育者の労苦に共感し，ユーザー視点に立つ巡回相談とは

(1) 障害児保育制度の変遷

　かずえちゃんという知的障害児を保育所に受け入れ，保育を行った記録が映画になったのは，1975年です（大野・米本，1975・1976・1977など）。このように，全国各地で先駆的に保育所（保育園，以下保育所とする）や幼稚園などで，障害児を受け入れ，保育者たちが情熱を傾けて，ときには献身的に実践を行ってきました。私は，かつてこの映画の舞台となった保育園のある滋賀県大津市で発達相談員として勤務していました。大津市は，父母や関係者たちの粘り強い実践と運動が背景にあり，1973年に保育を希望する障害児全員を保育所等に受け入れています。また，障害児の早期発見と早期対応を自治体として整備し，「乳幼児健診1974年方式」「障害乳幼児対策1975年方式」として，全国に先駆けたシステムをつくったことでも有名です（第5章，第6章参照）。

　このように，大津市をはじめとした様々な自治体の取り組みをき

っかけに,翌1974年,厚生省通達によって,保育所での障害児の受け入れを,国が認めることになりました。この年には,私立幼稚園での障害児受け入れに助成が行われるようになったことや,6歳以上の就学免除の児童を対象にしていた知的障害児通園施設に,6歳未満児の受け入れを国が認めたことなどもあって,「保育元年」と呼ばれています(近藤,2005)。

その後,障害児保育制度は,保育ニーズの高まりや乳幼児健診後のフォローの場としての親子教室,知的障害児通園施設や通園事業などの療育の充実等もあいまって,対象年齢や障害程度の枠の拡大,加配保育者制度の位置づけがなされました。2002年には,障害児保育事業が国の特別保育事業の一環として国庫補助負担金で実施されるようになり,幼児期における障害児の実践の場は広がりを見せました。1970年代の先駆的な時代からの実践の報告が,全国保育問題研究協議会や全国障害者問題研究会などの民間研究団体において行われてきましたが,そこでは,障害児を受け入れて当初は対応にとまどい,試行錯誤をしながらも,「子どもが変わった」「周りの子どもとの育ちあいが見られた」などの保育者の感動を伴った事実が実践記録の中で表されています(近藤,2013;別府,2014)。

しかし,障害児保育事業は,2003年度より地方交付税化(一般財源化)され,加配職員の保障などは自治体の裁量に任されることになりました。また,障害乳幼児の専門療育の場である障害児通園施設や通園事業は拡充しているものの,職員配置基準などでは大きな改善はなされず,加えて,2000年以降の相次ぐ法改正により,療育システム自体がめまぐるしく改変されるなど,実践を支える制度は必ずしも充実しているとは言いがたい状況にあります。

（2）保育現場が求める巡回相談とは

　私は1983年ごろに滋賀県大津市で発達相談員を務めていましたが，そのころ上記の先駆的な実践を発達保障論の立場から支えてきた，故田中杉恵先生をはじめとする先達の発達相談員が在職していました。そこで，私は，保育所で行っていた巡回相談を，そうした先達の発達相談員のそばで見よう見まねで行っていました。そこでの内容を私なりに概括すると，まず発達検査で子どもの発達段階（可逆操作の高次化における階層―段階理論(1)をもとにした）を把握し，発達課題や障害特性を判断するとともに，家族の主訴に丁寧に答え，ときに保育現場の観察を行います。その後，小児科医師，家庭児童相談員，そして保育者を交えたカンファレンスと報告書の記載によって，子どもの実態と課題を明らかにしていきました。一人ひとりの子どもの発達課題の見立てが発達検査の状況をもとに語られ，それを踏まえて，保護者への助言や保育課題が提示されました。カンファレンスの場は，それぞれの発達相談員による，さながら講演の様相を呈し，貴重な学びの場であると同時に巡回相談の仕事の難しさを感じる日々でした。私がそうした巡回相談，ならびにカンファレンスにかかわって30年に近くなります。現在は主に小中学校を巡回して相談活動を行い，浜谷（2002，2006）のコンサルテーション理論を参考に事例・実践を報告しました（別府，2006，2012，2013）。

（1）可逆操作の高次化における階層―段階理論：田中昌人らが1980年代に体系化した，回転可逆操作，連結可逆操作，次元可逆操作の各発達の階層についてのダイナミックな法則性と発達診断をする際の基本的な方法に関する理論（田中，1995）。

このような自分の経験を通してあらためて感じることは，保育者の労苦に共感し，保育者が納得する巡回相談の内容，すなわちユーザー視点に立った巡回相談のあり方が求められる，ということです。

　巡回相談は，障害児や配慮の必要な子どもをクラスに受け入れた保育者が，当初は対応が手探りの状態であったり，困難を抱えたりしながらも，「子どもが変わった」「周りの子どもとの育ちあいが見られた」という保育実践の成果を確かめていく場としていくことができます。また，発達検査などを用いることによって，発達の事実を保護者や保育者と共有していく場にもなっています。さらに，乳幼児健診後の早期対応の場として役割を果たしてきた通園施設・通園事業や親子教室などからの子どもの発達の経年的な変化と，その中での家族と関係者の労苦や子育ての喜びを後押しする役割を果たしてきたと言えます。全国の自治体では，こうした巡回相談が位置づけられ，その業務を専任で行う発達相談員や心理士が常勤，非常勤職員として位置づけられるところも増えています。また，厚生労働省から提示される事業や特別支援教育の実施に伴って，通園施設や特別支援学校，あるいは自治体の単発的な事業を活用し，巡回相談と同じ形式の相談活動が実施されているところも増えています。

　一方，2012年度の「児童福祉法」改訂施行により，「保育所等への専門施設による訪問支援」が位置づけられ，最近では，専門施設の職員が保育所や幼稚園を訪問する「アウトリーチ型の支援」が強調されています。しかし，近藤（2015）によれば，「契約制度」の問題点もあり，こうした支援事業は広がりを見せておらず，むしろ，保育所や幼稚園が求めているのは，「保育所等訪問支援」ではなく，「障害」とは診断されていない子どもへの支援を充実させることで

はないか,ということです。

自治体では,常勤職員が巡回相談を実施しているところ,予算化され非常勤職員を雇用して行っているところ,まったく実施していないところなど,実施状況に格差が生じています。このように巡回相談のあり方や自治体の中での位置づけには地域間の格差が大きいと言えます。

巡回相談のあり方は各自治体のシステムの動向や実情にも左右されますが,保育者や保育・幼児教育の現場が求めるユーザー視点に立った巡回相談の内容を考えていくことが求められています。

2　子どもの発達の理解と対応についての専門性を発揮する

(1)「気になる」子どもへの対応

1980年代ごろから「気になる」「ちょっと気になる」「グレーゾーン」などの表現がなされ,障害とは診断されないものの,保育や幼児教育の現場で特別な配慮が必要だとされる子どもの数が増えているといわれています。LD,ADHD,自閉症スペクトラム障害(ASD)などの発達障害が注目されるだけでなく,最近では虐待を受けた子どもやDVを受けた子ども,社会的養護の必要な子ども,外国籍の子どもや,いじめにあった子ども,不登園の子ども,災害や事故などによって心理的なケアが必要な子どもなど,特別な配慮が必要な子どもの数は増加の一途をたどっています。また,社会情勢の不安定さや貧困,非正規雇用の常態化などもあり,子どもや家庭をめぐる環境は必ずしも安心できるものになっていない場合もあり,様々な問題が重なりあって子どもの「気になる」問題は複雑多

岐にわたっていると言えます。

そして、こうした「気になる」問題を示す子どもの中には、「他児にけがをさせるような対人的トラブルを起こす」「動きが激しくクラスから飛び出してしまう」「約束やルールを守らずに勝手な行動をする」などといった行動によって、保育者が対応に苦慮する場合も増えています。

このような状況のもと、保育者は、「気になる」姿がどういう原因から来ているのかを早く知りたい、そして、それを保護者と共有したい、あるいは、「気になる」行動を早く解決するためにはどうすればよいかを教えてほしい、という願いをもって、巡回相談に臨むこともあります。こうした保育者の子どもの支援についての相談ニーズに巡回相談員は応えていく必要があります。

幼児期は障害の状態が顕在化していない場合もあり、年齢や環境によって変化が見られることも多く、流動的な子ども理解が必要です。また、養育者との関係や生活リズムなど、生活面の関係が子どもの状況に大きく影響します。さらに、「育てにくさ」から生ずる親子の関係不調や不適切な対応によって、子どもの行動がさらに対応の難しい問題に発展する場合のあることも相談活動の中で経験します。それゆえ、巡回相談には、乳幼児健診など子どもの出生からの情報の把握とともに、家庭や園の生活事項、および行動観察とあわせ発達検査なども活用した情報収集が必要になります。その際、医師などによる障害の診断は前提になりますが、それに加え、よりきめ細かな情報をもとに子ども理解を深める必要があります。たとえば最近、障害当事者の手記などで明らかになっている刺激への感覚過敏性などによって、子どもが園や家庭で過ごす上で困難を抱え

ている場合があり，それらを把握していく必要性も指摘されています。

(2) 子どもを「まるごと」理解する

しかし，一方でこうした障害の特性が強調されるあまりに，特性に焦点を当てた取り組みが巡回相談の助言の中で過度に重視される風潮も出ています。たとえば障害をもつ子どもたちに，わかりやすく園の日課や手順を知らせたり，達成感をもたせるように約束を守ったらご褒美シールを貼るなどの支援方法が有効であることは実践の中でも報告されています。このような障害の特性に対応した合理的配慮を行い，環境やかかわりを考えていくことは，子どもや障害当事者の困難や生きづらさを軽減していくことにつながります。ただ，ややもすると，こうした方法への傾注により，ある特定の能力の形成やターゲットとされる問題行動の軽減それ自体が目標にされ，性急な行動変容を子どもに強いることが懸念されています（木下，2011）。たとえば，松井（2013）は，自閉症スペクトラム障害の子どもたちに有効とされる構造化のためにタイマー（時間がくると音がする機器）を用いることによって，時間が気になって遊びが中断し，「遊び込む」「もっと遊びたい」という気持ちが損なわれた実践を紹介しています。

また，子ども理解にあたっては，たんに「できる―できない」という姿や発達検査のDA（発達年齢）やDQ（発達指数）などだけでなく，検査の下位項目の遂行状況や課題達成（あるいは未達成）時の表情や対人関係の取り方などの情意的側面の把握も重要になります。その際，加藤義信さん（2014）は，田中昌人やピアジェなどのいわゆるグランドセオリー[2]にもとづく発達段階理論をベースにし，

基本となる発達の力(可逆操作の高次化における階層—段階)および諸機能の機能連関を明らかにすることが,子どもを発達的に理解することになるといいます。つまり,この本で語られているように,子どもの主体性や人格発達,あるいは仲間との生活を視野に入れた,「まるごと」の理解(丸山,2011)が求められるところでしょう。

　落ち着きがなく部屋を飛び出してしまう,など「気になる」行動として表れている行動も,こうした発達的理解の中で行動の要因と支援の方向が明らかになる場合があります。落ち着きがない,というのはADHDの症状の一つとして挙げられますが,たとえば遊びや活動が本人の発達状況と照らしあわせて楽しめる内容や水準のものではないために,おもしろくないので出ていくのかもしれないのです。また,自分の行動をコントロールする発達の力(自制心)が十分に育っていないために出ていくのかもしれない場合もあります。茂木(1997)は,発達それ自体を保障することを通して,子どもに「問題行動」をしなくてもすむような力を育てることが重要であるとします。つまり,部屋にじっといるように促すのでなく,いたくなるような保育者や他児との関係,活動の中身を検討していくことも必要でしょう。また,本人に「もうちょっとがんばってみようかな」という気持ちが出せる,頼ったり受け止められる大人との関係があり,「がんばったこと」をほめられることで本人の自信につな

---

(2) グランド・セオリー:発達には,発達の仕組みや理論の枠組みを示す理論がある。そのような,誕生からおとなになるまでの発達の全体を視野に入れ,その過程を幾つかに区切って発達段階論として提示する「大きな理論」のこと(加藤,2014)。

がるような働きかけが重要であることも，実践の中から語られるところです。

このように，子どもの行動や発達の関係の中で，問題行動の意味を考えていく中で支援の内容が変わったり，発達の変化をもたらした例は数多く紹介されています。こうした子ども理解を深めるために巡回相談が重要な役割を果たしていますが，その質の向上がさらに求められるでしょう。ことに現在，現場では，集団や園での適応に顕著な困難を示し，保育者の今までの経験や勘を超えるような行動をしたり，被虐待などの影響から，激しい攻撃行動やパニックを起こす子どもの行動に苦慮している実態も挙げられています。また，クラス崩壊など，集団自体が多様な問題を抱えるために，深刻な課題がみられる場合も増えています。こうした現場の状況を支えるため，巡回相談は，多職種が連携しつつ専門性を発揮していくことが求められるでしょう。

3　明日からの実践や子育ての希望を生み出す相談のために

(1) 保育者を支える支援

前に述べたように，幼児期の実践は，保育や療育を支える制度が必ずしも十分でない時代から，保育者たちの子どもへの思いや理念を背景に，多くの実践がなされてきました。巡回相談はそうした保育や保育者の思いを支えるものでなくてはなりません。そのために，保育者の主訴の裏側にある真の相談動機をつかむ必要があります。明日からの実践の手がかりになるような助言とあわせ，保育者をエンパワーメントする支援が必要なのです。

ときには，子どもの問題ではなく，保育者自身が悩みを抱えている場合もあります。たとえば，保育者が園で置かれている立場がきびしく，誰にも相談できない，相談することで自分の力量の低さが露呈されてしまうようで怖い，もっと自分の立場をわかってほしいという不安や悩みが背景にある場合が，私の巡回相談の経験の中でもありました。その意味で，本書で述べられている「保育者の物語」を考慮に入れた支援がますます重要になるでしょう。

　「子どものことがわかった」「保育の手がかりが予想できる」「私にもできる」という思いから，保育者が明日からの実践へのパワーをもてること，「子どもがかわいい」「保育をしていてやっぱり楽しい」といったもともとの保育への思いを支え続けることが重要です。そして，その中で「相談してよかった」と相談スタッフにその思いをフィードバックしてもらえることは，逆に子どもの問題を解決する巡回相談スタッフの自己有能感をも高めることになります。こうした相互の共有・共感の関係づくりが連携を深めていくことになるでしょう。

(2) 発達保障につながる巡回相談

　相談スタッフはともに子どもの問題に誠実に取り組む当事者としての意識をもち，子どもや保護者，保育者に敬意をもつとともに，それぞれが置かれている立場を理解できるように想像力をもつことが求められます。それゆえ，現代の保育のシステムや条件整備の問題などにも目を配っていくような姿勢も求められるでしょう。

　ことに，現在，「子ども・子育て支援新制度」のもとで，保育所や幼稚園の制度に，効率化，市場主義が横行する傾向が生まれるな

ど，形が変わろうとしています。また，障害児療育においても，度重なるシステムの改変や応益負担，事業所の参入などによって，先人たちが築いてきた発達保障の実践を引き継いでいくことが困難な状況も出てきています（中村，2013）。こうした中，保育者や療育スタッフは，様々な子どもや保護者のニーズや課題，業務への対応に追われ，より繁忙な状況になってきています。

しかし，自己犠牲的，献身的に取り組んできた先人たちから学ぶことは，子どもの発達保障を理念にかかげた実践を行ってきたという専門職としての誇りです。すなわち，子どもたちの発達保障を通して，父母や保育者たちが，「この子を育ててよかった」「1年間取り組んだ甲斐があった」と実感でき，最前線で子育てや保育に携わっている人たちの明日からの実践を励ますものが，真に求められる巡回相談のあり方ではないかと思われます（別府，2014，2015）。このような現場の労苦を共有し，明日への希望を生み出し，発達保障につながる巡回相談の進展が求められていると言えましょう。

〈引用・参考文献〉
別府悦子　2006　ちょっと気になる子どもの理解，援助，保育　ちいさいなかま社
別府悦子　2012　発達障害の人たちのライフサイクルを通じた発達保障　全障研出版部
別府悦子　2013　特別支援教育における教師の指導困難とコンサルテーション　風間書房
別府悦子　2014　幼児期に特別な配慮を必要とする子どもの実践研究の課題　SNEジャーナル，**20**，23-37.
別府悦子　2015　「ちょっと気になる」子どもの保育で大切にしたいこと　ちいさいなかま，**627**（2015年12月号），35-41.

浜谷直人　2006　小学校通常学級における巡回相談による軽度発達障害児等の教育実践への支援モデル　教育心理学研究, **54**（3）, 395-407.

加藤義信　2014　第2章　子どもの発達の理解　1. 子どもの発達理解のための理論　別府悦子・喜多一憲（編著）発達支援と相談援助　三学出版　pp. 21-31.

木下孝司　2011　障害児の指導を発達論から問い直す——要素主義的行動変容型指導を越えて　障害者問題研究, **39**（2）, 18-25.

近藤直子　2005　障害乳幼児の保育・療育実践の課題　みんなのねがい, **461**, 40-43.

近藤直子　2013　はじめに——子どもや保護者に対する共感的な視点をもち，保育者集団の集団的な取り組みを創造する　近藤直子・白石正久・中村尚子（編）　テキスト障害児保育　全障研出版部　pp. 3-6.

近藤直子　2015　"ステキ"をみつける保育・療育・子育て　全障研出版部

丸山美和子　2011　保育者が基礎から学ぶ乳児の発達　かもがわ出版

松井剛太　2013　保育本来の遊びが障害のある子どもにもたらす意義——「障害特性論に基づく遊び」の批判的検討から　保育学研究, **51**（3）, 295-306.

茂木俊彦　1997　統合保育で障害児は育つか——発達保障の実践と制度を考える　大月書店

中村尚子　2013　障害乳幼児の通園施設・保育所等への通園に関する研究　人間の福祉（立正大学社会福祉学部紀要）, **27**, 33-45.

大野松雄・米本尚之助（監督）　田中昌人・田中杉恵（監修）　1975・1976・1977　映画『光の中に子供たちがいる　第1部（1975），第2部（1976），第3部（1977）』（DVD）　綜合社

田中昌人　1987　人間発達の理論　青木書店

田中昌人　1995　「可逆操作の高次化における階層—段階理論」の形成過程と理論化の現段階（日本教育心理学会準備委員会企画対論

「発達について」）日本教育心理学年報, **34**, 21-27.
東京発達相談研究会・浜谷直人　2002　保育を支援する発達臨床コンサルテーション　ミネルヴァ書房

第8章

加配保育者を主人公にした子どもと保育者の物語

川尻泰樹

1 加配保育者とその物語

　支援を必要とする子がいる場合，通常の体制では保育が立ち行かない場合があります。とにかく人手が欲しい。そのとき，支援を必要とする子へ，あるいは，支援を必要とする子を含む保育集団へ，手厚い保育を保障することができるように，保育者がプラスされます。保育者の「加配」です。本章では，このプラスされた保育者——加配保育者を中心にして，子どもと保育者の物語を考え，その物語に巡回相談がよりそうことについて考えます。

　そのために，はじめに，「物語」と「加配保育者」について，整理します。

（1）保育を考える際にふさわしい「物語」の形

　本書のキーワードである「物語」という語は，何気なく使うことができますが，あらたまって考えるとなかなか奥深い語です。日常的な言葉としても，学術的で難解な言葉としても，幅広く用いられます。また，「物語」という語を前に，映画や小説などを考えるとき，幅広い作品が浮かびます。それらの作品の形態も，ただ一人の

登場人物の独白(モノローグ)によって完結する作品もあれば，複数の人物が登場し，一人ひとりの小さな物語が紡ぎ合わされることで，作品全体の大きな物語ができあがるような作品もあります。

「物語」という語は，幅広く奥深いゆえに，扱いが難しい語ですが，少なくとも，子どもと保育者が生きる世界を「物語」的に扱おうとする場合，多くの登場人物の多様な言動が絡み合いながら紡がれていく物語を考えるのがふさわしい，ということは言えるでしょう。いわば，色とりどりの糸が縦横に編み込まれて一つの大きな織物となるような，そんな「物語」です。こうした物語は，登場人物一人ひとりの物語が丁寧に紹介されるほどに，作品全体の面白みが増します。また，同じ作品も，登場人物のうちの誰に注目するかで違う感想をもつことがあります。

視点を変えて物語を読んでみること，「子どもと保育者の物語」を綴る本書の中で，とくに，加配保育者という人物に注目することで，何か発見できるのではないか，というのが，本章の試みです。

(2) 支援児の保育参加を支える加配保育者

冒頭に挙げたように，支援が必要な子がいる場合に登場する加配保育者ですが，その仕事の仕方は，一口にまとめるのは難しい多様さをもちます。たとえば，支援児とのかかわり方にしても，ある園では「子どもがこういう姿なので，片時も目を離せない。だから，みっちりついてもらっている」と聞きます。一方，別の園では「特定の子につくという形はとっていない。あくまで保育者集団の一人として，保育の全体にかかわってもらっている」と聞きます。一聴すると真逆に思える話です。

加配保育者は，支援を必要とする子に由来して，保育の場にいます。このとき，加配保育者は，支援児に密接にかかわるべきか，それとも，支援児が参加する保育全体にかかわるべきか。加配保育者が支援児にかかわる際の距離の取り方やかかわりの密度，支援児以外のクラスや園の子どもとのかかわりの程度は，どれくらいが最適なのか。加配保育者がいる目的——支援児の保育参加を支える，あるいは，支援児を含む保育を支えるという目的に，一番フィットするのはどういう形なのか。これは，園や保育者の悩みどころの一つと言えるでしょう。

　一方で，これらが時間を追って変化する場合もあります。「はじめは緊密についていた。やがて，距離を置くことにした。今は，本当に必要なとき以外は，離れて見守りながら，担任保育者と一緒にクラス全体にかかわっている」という場合が，それです。ある子が支援を必要とするとしても，その子の姿は時間の中で変化します。子どもの姿が変われば，支援をする加配保育者のかかわり方も変わります。

　次の節で，ある加配保育者の支援児へのかかわりを紹介します。

2　支援児へのかかわりを振り返る
——加配保育者佳代子先生の実践

　ここで取り上げるのは，"友だちを惹き込む魅力的な遊びを見つける力をもち，穏やかなときには豊かなやりとりが可能だが，一方で，多動や強い情緒的混乱を示し，ときには他害に至ることもある実君"に，年中・年長の2年にわたってかかわった加配保育者の佳

代子先生の実践です。

　年長クラスがはじまった4月，私は実君のもとを訪れました。実君の保育参加を考える巡回相談です。職員室で，主任保育者からあらましを聞いていると，"うぇえーん"と大きな泣き声が聞こえます。「あれは？」と尋ねると，優しく苦笑しながら「あ，実君です」と教えてくれました。行ってみると，顔を真っ赤にして大泣きし，反り返って手足を振り回す男の子と，彼を抱きとめる保育者がいました。実君と佳代子先生です。

　その日，実君は，一日の大半を，廊下や園庭で過ごし，ときおり，部屋の中に入ろうとするものの，入ってしばらくすると，大泣きして物を投げ，佳代子先生に抱かれて外へ出ることを繰り返しました。その一日について，日を改めて，ゆっくりお話をきかせていただきました。佳代子先生は，こう語ります。

> 今，年度始めは，他の子どもたちも集中できないでいるので，まずはクラスづくりを。クラスづくりの妨げになるような奇声が出たりすると，外に出たほうがお互いのためになる。気になって皆が集中できないから。1か月くらいたつとクラスもまとまってくるので，それまでは，外で。2人で。

　実君の保育参加を励ますにしても，彼が向かう先の保育が安定していなければそれは叶いません。一年の始まりには，担任保育者によるクラスづくりが大事になります。クラスがまとまり，安定するまで，今は一旦退いておく。一見すると，クラス保育の妨げになる

（1）診断はアスペルガー症候群。

支援児を排除し，分離した状況で過ごさせているようですが，一歩踏み込むとそれは，支援児（を含めた仲間たち）の保育参加のために，保育の器がつくられるまでの，あくまで一時的な退出であり，本質的には，皆で過ごす時間を目標とする，手段としての分離状況と言えます。

　佳代子先生は，「今」は，そういうかかわり方をしている，と語ります。では，その少し前，年度替わりの時期はどうだったのでしょうか。

> 年中の終わりは，部屋から出ないでいられたんですね。座って取り組めてた。私も近くにいなかった。でも，担任が変わること，3月くらいから，すごく気にして。「もう，（担任の）先生いなくなっちゃうんだろ」「ぼくの先生じゃなくなっちゃうんだろ」って。もう，どうしていいかわかんないみたいで。担任が変わったとたんに物を投げたり，頭突きをしたり。あまりに危ないので，私が戻ったんですけれど。入って1週間で，物投げたりっていうのはなくなったんですけど，でも，すっかり離れるのは，まだ，こわいかなって。

　実君は，少し前，前年度の終わりは，クラスに馴染んでいました。佳代子先生は距離を置き，緊密にはかかわらずにいました。しかし，年度をまたぐ時期，新しい世界への出会いと慣れ親しんだ世界との別れが混在する時期には，期待と不安が同時にあります。実君にとっては，期待より不安の方が大きくなります。しかし，実君は，佳代子先生から離れ，担任保育者との結びつきを頼りにしながら，担任保育者がつくるクラス保育を過ごしていました。

年度が替わり、今まで頼りにしていた結びつきがなくなり、"ぼくの先生"が"新しい先生"に替わったとき、実君の不安は爆発します。このとき、新しい世界の中で継続性を保ちつつ実君を支えられる人として、佳代子先生が再登場し、実君は若干落ち着きを取り戻します。実君が、1週間という短い時間で、激しい混乱の世界から一歩抜け出すことができたのは、それまでの2人の時間が、彼の中に降り積もっていたからでしょう。

　佳代子先生が、笑いながら振り返る2人の時間は、濃密です。

> 毎日おんぶして。実君のにおいが染み付いてる。うち帰るといつも、このTシャツは実君のにおいがする、って。泣いてるときしかおんぶしないので、もう、汗だくで。汗も涙も。鼻水とか。本人も、担任しかいなければ、泣ける場所もない。泣く場所があるだけ、私の背中も役に立ってるかなって。

　実君の時間は、泣いている時間だけではありません。楽しい時間もあります。そこにも、佳代子先生はいます。

> 楽しいとすぐ、友だちにふざけてぶつかったり。友だちと一緒に走ると自分が一番になりたくて、突き飛ばしたり。悪ふざけの顔してるときは、絶対やるので。友だちに、がばーっとひっついたりして、ひっくり返して泣かしちゃう。友だちから、実君がああいう子だからやだ、って言われるのは目に見えてる。友だちとのトラブルは、信頼関係にマイナスなので、当たらないで済むなら当たってほしくないので、私も一緒に走ってますよね、それはもう、毎日。

第 8 章 加配保育者を主人公にした子どもと保育者の物語

　実君にとり，辛いときも，楽しいときも，クラスの中にいられないときも，仲間と遊ぶときにも，いつも傍らにいて，ときにしっかりと，ときにさりげなく支え続けてくれたのが佳代子先生でした。

　実君はいざというときには佳代子先生を頼りにし，佳代子先生はつねに実君に意識を注いでいます。相当に緊密な関係です。この関係は，どのようにして，離れていられる関係に変わったのでしょうか。佳代子先生は，2 人の関係が変化したときを，こう振り返ります。

　　去年の秋ぐらいにだいぶ落ち着いてきて。手が出ることもなくなって。そんなとき，実君が，「彰君が逃げてかないように，見ててもいいぞ」（2）って，本人が言ったんですね。彰君の方が大変だぞって，本人は思ってて。それで，「じゃあ」って，その日に離れたんです。1 週間くらいは睨みつけるように，ガラス越しに，彰君と私を見てたんですけど，自分も言った手前プライドがあるし，戻ってきてくれとは言えなくて。彰君のお部屋のガラスのとこで折り紙をして，一日中，私と彰君をにらみつけて。そのうち，もうぼくには担任の先生しかいないって思ったらしくって，暴力もしなくなって頑張るようになって。でも，どうしてもダメになったら，佳代子先生呼びに行くって自分で言って。じゃあ，いつでもいいから頼りにしてくれるならそのとき行くからねって。周りの先生もみんな応援してくれて。そ

（2）隣のクラスの，穏やかな姿だが，やはり支援を必要とする男児。診断は自閉症。

れで,去年,頑張れてたんですね。

2人の関係は,実君の"一人で頑張るよ"という声と,佳代子先生の"わかった。頑張ってね"という受けとめによって,転換します。実君の"彰君についてていいぞ"という言葉は,幼い実君にとり,ある種の決意が秘められた宣言のように聞こえます。実君は,自らの意志で,佳代子先生の元を去り,仲間と過ごす担任保育者の世界へ歩みはじめました。その歩みは頼りなくみえますが,2人の関係の大きな転換点です。この転換点を含む一連の時間と出来事が降り積もり,一つの物語となります。

3　実君と佳代子先生の物語

(1) 断片的な語りから物語を紡ぐ

一連の出来事と語りを,時間の流れに沿って整理してみます。

実君と佳代子先生の出会いは,前年度の春に遡ります。その年の春から年度の半ばまで,佳代子先生は,実君に緊密によりそい,2人の間に強い結びつきが培われます。それを足場に,秋,実君は佳代子先生から離れることを宣言するまでに育ちました。その機を得て,佳代子先生は,すっと距離を置き,年度途中で隣のクラスの彰君の支援に移行します。

それは,実君がそう言ったから,というだけではないでしょう。そこには,実君の"ぼくは,大丈夫"という言葉を前に,それまでの実君の育ちを踏まえて"たしかに,大丈夫だと思う"と結論する佳代子先生の判断があります。実君の言葉を生んだもの,佳代子先

生の判断を可能とするもの，それが，2人の中に降り積もる，それまでの時間と出来事から成る，2人の物語です。

　2人の物語は，この後も続きます。離れることは2人の物語の終わりを意味しません。実君は名残惜しそうに，佳代子先生を見つめます。そんな実君のことは，つねに佳代子先生の意識の内にあります。佳代子先生は，彰君にかかわりつつも，実君のことも捉え続け，しかし近づくことはせず，突き放しつつも見守り，何かあったら頼りにしたいという彼の声に応じて，いつでも応えると約束し，周りも，そうした2人の関係を支えます。その中で，実君は，佳代子先生との結びつきから，担任保育者との結びつきへ移行し，秋から冬の終わりまで，実君は担任保育者との結びつきを支えに，仲間とともに保育を過ごします。

　再度の転換点が，年度替わりが近づく中でやってきます。実君にとり，春，新しい仲間，新しい先生との出会いは，これまで一緒に過ごしてきた先生や仲間との別れを越えられる出来事ではありません。再び，佳代子先生が実君につきます。佳代子先生は実君と過ごしながら，クラスが育ち，担任保育者がじっくりと実君にかかわる余裕をもてるときが来るのを待ちます。

　実君によりそいながら2人で過ごす時間。昨年の春もそうでした。しかし，2人で過ごす時間は，1年を経て，昨年とは異なります。昨年の春には，いつかそうなるといいな，という淡い期待しかなかったかもしれません。今年は違います。昨年たしかに実現したことがあるからです。実君は，佳代子先生から離れ，仲間と一緒に過ごすことができました。実君が仲間と一緒に過ごすこと，それは夢物語ではなく，実在する物語です。その物語が，佳代子先生を支えま

す。支えとなる物語をもつ佳代子先生は,おそらく,昨年よりもどっしりと構えて実君にかかわることができるのでしょう。そこには少し,気持ちのゆとりがあるかもしれません。だとすれば,それが,実君にとり,大きな支えとなることでしょう。そのことが,短い時間で落ち着けるようになったことの背景にあるかもしれません。

(2) 加配保育者の支えとなる物語を提供する巡回相談

　過去にたしかにあったものが降り積もって,その人を支える物語となります。一方で,こうした物語をもたない人もいます。たとえば,加配保育者の経歴は多様です。"元中堅保育者,一旦退職,子育てが一段落したので,加配として現場復帰"という頼もしい人もいれば,保育自体に初心である人もいます。何年もの間に,多くの子とかかわってきた人もいれば,支援を必要とする子とのかかわり自体がはじめての人もいます。それぞれがもつ,支援児を支える加配の物語は異なります。確固とした足場となる物語をもつ人もいれば,不確かなものしかもたない人もいるでしょう。

　そのとき,巡回相談ができることが現れます。巡回相談員は,多様な現場で,多くの物語に出会っています。それを紹介することは,加配保育者に支えとなる物語を提供し,加配保育者が子どもと保育にかかわる足場を提供することになるでしょう。支援を必要とする子と,その子を支える加配保育者の物語によりそいながら,その物語を読み解き,ときには,別の場所でたしかにあった物語を紹介する。手探りで仕事をする加配保育者にとり,多くの実践と出会ってきた巡回相談員から,信頼に足る,足場となる物語を聞くことは,支援児と過ごす日々に,支えを,少なくとも,刺激を与えると考え

ます。

(3)"私の子ども"にはしたくない
——支援児が育ちたい姿を大切にする

　近くにいても，離れていても，他の子と遊んでいても，隣のクラスの彰君にかかわっていても，佳代子先生はつねに，実君を意識の外に置くことはありません。支援を必要とする実君と，彼の保育参加を充実させるためにいる佳代子先生は，分かちがたく結びついています。しかし，分かちがたく結びついている一方で，その結びつき自体が目的ではありません。

> "私の子ども"にしてしまうのは簡単なんですけど。私がいなくても生活できるようにしたいので。私なしでいられるときは，なるべく本人から見えない位置に。ふざけようが真面目にやっていようが，見守れる状態であるときは，見守って。他人の妨害になったり，暴力が出たりすると，すぐ割って入るけど。

　佳代子先生は，2人だけの閉じた関係を，それなりに豊かにすることは容易だが，それは本意ではないと語ります。佳代子先生は，実君が，2人の関係を足掛かりに，自身から離れて，もっと広い世界へ歩むことを願います。それは，実君の願いが，そこにあると感じるからです。
　結果として困った状態になってしまうとしても，実君は，積極的に仲間とかかわろうとしていました。担任保育者とも，もっと仲良くなりたいと思っているようです。

> やっぱり担任の先生が一番好きなので。こんなにパニックのときに一緒にいる私よりも。やっぱり担任の先生はねぇ，特別な存在なんですね。担任の先生に好かれたい，いいところも見せたい，っていうのは一番気持ちのもとにあるので。とにかく，私のことを覚えるよりは，担任の先生のいろんなことを覚えてもらうほうが。そこに一番気を使ってますね。

　佳代子先生は，実君によりそう日々の中で，ぽつりぽつりと零れ落ちる何かから，彼の願いを汲み取るのでしょう。彼の願いが，担任保育者がつくる世界，仲間と一緒の世界で，楽しく過ごすことにあると感じたならば，その願いを実現しようとします。実君が仲間や担任保育者と楽しく過ごす。そのために佳代子先生は，自身が知る実君の姿を，担任保育者に伝えたいと願います。

（4）私しか知らないこの子の姿をもっと伝えたい
——支援児と周りの関係の仲立ちをする

　実君は，クラスに居続けることが難しい子です。廊下で，園庭で，職員室や離れの建物で，佳代子先生と2人で過ごします。実君には，周りに誰もいない，佳代子先生だけがいるときに，一息ついて見せる顔，佳代子先生だけが知っている顔があります。

> 実君が，ふんって出てっちゃって，どこで何してるのか，そっから先はね。まさか，職員室で，皆と楽しそうにごはん食べてるとはね。お花に水あげたり，虫とりに行ったりっていうときの顔は，担任の先生は見れないから。

ダイナミックな実君に手を焼く日々を,それでも笑顔で愛おしそうに語ることができるのは,佳代子先生が,彼のこのような姿を知っているからでしょう。部屋で物を投げながら大泣きして,外に飛び出す実君だけでなく,部屋の外で過ごす時間に表れる,和やかで,穏やかな,愛らしい実君を,佳代子先生は知っています。これは,つねに実君によりそう佳代子先生だから知ることができる姿です。そうした,自身だけが知る姿を担任保育者に伝えることを,佳代子先生は大事にします。

> とにかく,部屋に戻ったときに,今こうでしたこうでしたって。報告してる間に次のパニックが始まったりしてるので,じっくりとは話せない。担任の先生の手が空いたときに,さっと行って,今こうでしたって。先生からも,次(の活動)はこうだからお願いします,って。それで,はーいって言って,走る。

佳代子先生は,わずかな時間を見つけては,その姿を担任保育者へ伝え,同時に,担任保育者から保育の次の展開を聞きます。担任保育者もまた,それまでの保育の流れを踏まえ,実君がスムーズに入るためにどうすることができるかを考え,伝えます。こうした小さなやりとりの積み重ねによって,保育の物語が紡がれます。

(5) お互いの物語を尊重する実践
　　——断片的な出来事から「保育の物語」を紡ぐ

部屋から飛び出した後の実君の姿を,担任保育者は知ることができません。また,実君を追って部屋の外へ出た佳代子先生は,保育を途切れ途切れに過ごすことしかできません(それは実君も同じと

言えます)。そのままでは、保育は断片的で、物語として形を成しません。

　一日の保育は、たんなる場面や活動の羅列ではなく、保育の流れをもちます。実君もまた、突飛な行動が見られたとしても、行動の背景となる気持ちの連なりがあります。断片的な、途切れ途切れの出来事を、物語としてつなぎ合わせるためには、そうした"流れ"や"連なり"が必要になります。

　佳代子先生は実君について、担任保育者は一日の保育について、知っています。お互いが相手の知らないこと、知っているべきことを、知っています。このとき、お互いが、自身の知っていることを持ち寄り、それらが交じり合うことで、断片的な出来事がつながりをもち、物語となる可能性が拓かれます。それは、お互いに、相手の物語を尊重し、それに寄り添うことで可能となる実践のあり方です。

4　物語を持ち寄り、物語が交じり合う巡回相談
　　── 独白(モノローグ)的な場から対話(ダイアローグ)的な場へ

　協働する者同士が、自身の物語を伝え、他者の物語を知り、それらが交じり合うことで新たな物語がつくられることを期待すること、ここに「物語によりそう」というキーワードの可能性が拓かれます。

　そうした「物語」の観点から巡回相談の実践を考えるとき、相談員が、自身のアイデアを伝えることと同時に、個々の保育者のもつ物語を尊重することが、一層重視されます。このとき、巡回相談の場は、相談員が自身のアイデアを一方的に語る独白(モノローグ)的な場ではな

く，個々の保育者のもつ物語が交じり合うことで，保育者の手によって新しい物語が作られることに相談員が寄与する対話(ダイアローグ)的な場となることが期待されます。

　子どもと保育者の物語を前に，相談員が，自身の考えを語ることではなく，そこにある物語が美しく紡がれるための仲立ちをする。そこに，巡回相談が，子どもと保育者の物語によりそう道を見出したいと考えます。

終　章

これからの巡回相談の役割と意義

三山　岳

1　巡回相談は保育現場で何を支援するのか

（1）障がい児保育のはじまりと巡回相談

　1973年に滋賀県の大津市は全国に先駆け，保育を希望する障がい児を原則として全員受け入れることを決め，その年を「保育元年」と呼ぶことにしました。翌74年，厚生省と文部省は障がい児保育に必要な要綱等を整備し，全国で障がい児保育が制度化されました。当時は第二次ベビーブームがピークを迎え，全体的に保育の需要が高まっていました。また，乳幼児健診が1960年代に全国で取り組まれるようになったことで，障がい児の早期発見・早期療育の機運が高まり，専門的な療育だけではなく，通常の保育での受け入れを望む声も強くなっていました。このような背景の中，心理職をはじめとする巡回相談は，この大津市の障がい児保育の開始とともに始まり，やがてその制度は各地の自治体に広まっていきました。

　私はちょうどこの「保育元年」に滋賀県で生まれ，巡回相談には保育現場に発達障害の概念が広まり始めた2000年代になってかかわるようになりました。当然のことながら，私は障がい児保育が始まった70年代の雰囲気を知りません。ただ，当時は保育者の養成課程

に障がいのことを学ぶ機会がありませんでした。その当時に発行されていた保育者向けの専門雑誌を読むと，相当な不安の中で障がいのある子どもの保育を行っていたことがうかがい知れます。こうした保育者の不安にも応えながら，自治体による巡回相談は，障がいのある子どもの成長と豊かな保育が実現するために，40年以上にわたって実施されてきました。本書第7章では別府悦子さんが大津市を含め，これまで巡回相談が辿ってきた経過を書かれており，どのように巡回相談が発展してきたのかを明らかにされています。

（2）保育実践を支援する巡回相談

　本書はこの巡回相談を通して，子どもと保育者が創造的な保育実践の中で，それぞれが「物語」の主人公となり，生き生きと生活できることを願う人々によって執筆されました。大学の教員や保育者，自治体の職員とそれぞれの立場は違いますし，巡回相談で活動している地域も異なります。ただ，どの執筆者も保育の現場に携わる中で，子どもと保育者がつながりあい，誰もが心の底から毎日が楽しいと感じられる創造的な保育実践に出会ってきました。また，そうした実践に対して，巡回相談という形で子どもや保育の支援にかかわれたことに喜びと誇りを覚えてきました。

　私自身，巡回相談員の立場から嬉しく，誇らしい気持ちを幾度となく経験するとともに，巡回相談では保育者から何を期待され，相談員は何を支援しているのかということに関心をもちつづけてきました。本書では巡回相談を，各章で描かれたように，子どもの発達や育ちを支援（発達支援）するだけでなく，保育者の創造的な保育実践を支援（保育支援）する活動として捉えています。ただ，巡回

終章　これからの巡回相談の役割と意義

相談は保育実践を支援するという捉え方は，比較的長い歴史をもつ巡回相談にとって，じつは比較的あたらしい考え方です。この最終章ではこれまでの章を踏まえて，保育実践に対するこれからの巡回相談の役割と意義について考えたいと思います。

（3）時代の変化と巡回相談

第7章で指摘された通り，現在の障がい児保育をめぐる状況は，2000年代以降の相次ぐ法改正による療育システムの改変，2015年からの子ども・子育て支援新制度の開始などを経て，巡回相談が始まった当時から大きく変化しています。巡回相談自体，本書が対象とする自治体の巡回相談だけでなく，特別支援教育の開始をきっかけとした教育委員会や特別支援学校による幼稚園・保育園への巡回相談が増加し，2012年の児童福祉法の改正により，地域のNPO法人や療育施設からの「保育所等訪問支援事業」も始まるなど，相談活動の主体が多様化してきました。さらに相談対象となる子どもも，相談が始まった当初は典型的な自閉症，脳性まひ，知的障害といった障がいが相談の中心でしたが，90年代の後半からはADHDやアスペルガー症候群などの発達障害が注目を集め，2000年代以降は虐待や貧困家庭などを背景にもつ子も含めた，いわゆる「気になる子」の相談も増えるなど，時代とともにその変化が見られます。

本書を編集するにあたって，私たちはこうした時代の変化を踏まえつつ，子どもと保育者が生き生きとしている創造的な保育を目指して，具体的にどのように子どもや保育を捉え，発達支援や保育支援を行えばよいのかということを，各地の相談活動から見出そうと試みてきました。その私たちなりの整理と方向性の中から，「物

語」というキーワードが出てきました。「物語」そのものについては序章で，その実際の展開はその後の章でそれぞれの執筆者が各地の制度や実践を紹介してきました。これらの章から見出せた「物語」とはどのような性質のものだったのかは，後ほど整理することにしたいと思います。その前にまず，巡回相談が対象とする「障害」の理解の問題と，相談の重要な役割となる発達支援と保育支援について，少し整理をしてみたいと思います。そのことで「物語」の視点がなぜ，これからの巡回相談で必要とされているのかが，より明確になると思います。

2 巡回相談が対象とする「障がい」の理解

(1) 変化した「障がい」の理解

言うまでもなく，巡回相談は保育を受けている障がい児を相談の対象としています。障がい児保育が制度化されてから40年以上が経過し，「障がい」に対する理解も変化をしてきました。とくに障がいをどのように定義し，どのような支援が求められるのかについての理解は40年前と現在では大きく変わっています。これからの巡回相談を考える前に，現在の「障がい」の理解では，障がいをどのように定義し，どのような支援が必要だと考えられるのか，その整理からしてみたいと思います。

国連は1971年の「精神薄弱者の権利宣言」以降，障がいとは何かという国際的な合意ができるように検討を重ね，2006年に「障害者権利条約」という国際間の取り決めを定めました。しかし，日本は「発達障害者支援法」（2005年施行），「障害者基本法」（2011年改正），

「障害者虐待防止法」(2012年施行),「障害者総合支援法」(2013年施行),「障害者差別解消法」(2016年施行)とこの10年で立て続けに障がい者の支援に関連する法律を制定・施行することで,2014年にようやく世界で141番目で批准することができました。つまり,日本における「障がい」の理解は,国際的な理解の水準から遅れていたため,すぐに批准できる状況ではなかったということです。

(2) 現在の国際的な「障がい」の理解

では,その国際的な合意にもとづいた「障がい」の理解とはどのようなものなのでしょうか。日本語における「障害」という言葉の一般的な意味を,最新版の『広辞苑』(第6版)で調べてみると,第一義に「身体器官に何らかのさわりがあって機能を果たさないこと。」とあります。これは身体障害だけを指すのではなく,知的障害や発達障害も脳や神経に機能不全があることが原因とされているので,これらの障がいも含めて考えることができます。しかし,この理解では,身体器官の機能を改善することが障がいに対する支援,あるいはケアということになります。障がいの疑いのある子どもが保育現場にいると,障がいかどうかはっきりさせたいと保育者が考えるのも,保育は障がいの専門的なケアができないから,療育で何らかの訓練などを行うことが必要だという理解がその背景にあるからでしょう。

国際的な「障がい」の理解は少し異なっています。図9-1はWHO(世界保健機関)が1980年に示した障がいのモデルでICIDH(国際障害分類)モデルと呼ばれているものです。このモデルでは「障がい」を「機能・形態障害」「能力障害」「社会的不利」の3つのレベルに分けて捉えました。具体的に言えば,何らかの疾患や変

図9-1 ICIDH:国際障害分類（1980）モデル

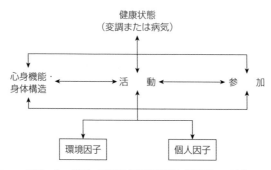

図9-2 ICF:国際生活機能分類（2001）モデル

調が原因となって①機能や形態の障がいが起こり，そのことで②能力の障がいが生じ，それが原因で③社会的不利が生じる，という一連の流れを含めてすべて「障がい」と捉えようというものです。たとえば，仮死状態で生まれたことで，脳の一部が壊死してしまい（①），そのことで視覚障害が起こり（②），目で楽しむ遊びが一緒にできない（③）といった具合です。つまり，「障がい」とは辞書が示すような，機能や形態の障がいだけを指すのではないという障がい理解がここで現れてきたのです。

このようなICIDHモデルを発展させて，2001年にWHOが採択したのが，ICF（国際生活機能分類）モデルと呼ばれるものです（図9-2）。まず，障がいのある人の生活がすべて，「機能・形態障害」「能力障害」「社会的不利」というネガティブな状況にあるわけ

ではないので、それぞれ「心身機能・身体構造」「活動」「参加」といった中立的な用語が使用されています。また、3つのレベルを一連の流れで捉えるのではなく、それぞれ相互作用していると捉えるようになりました。このICFモデルで「障がい」を捉えると、「健康状態」が変調や疾患で悪化しており、「心身機能・身体構造」にさわりがあり、「活動」に制限があり、「参加」に制約があるという状態です。また、その程度は本人がもつ個人の要因（個人因子）だけでなく、その人を取り巻く環境の要因（環境因子）によって変化すると理解されます。つまり、端的に言えば、「障がい」とは、その人が生活する様々な領域に支援が必要な状態、と言うことができます。「心身機能・身体構造」「活動」「参加」の間に優劣があるわけでなく、どの領域に対する支援やケアも、「障がい」に対する重要な支援やケアであると位置づけられたのです。

(3)「活動」と「参加」に対する支援とケア

国際的に合意された「障がい」の理解から捉えると、保育におけるこうした障がい児への特別な支援やケアでは、療育で行われる支援やケアと同じものが求められているのではないことがわかります。具体的に言えば、療育はおもに「心身機能・身体構造」や「活動」に対する支援やケアに向いているのに対して、保育は「活動」や「参加」に対しての支援やケアに向いていると言えるでしょう。とくに「参加」については、個別の指導が中心となる療育よりも、集団での生活が中心となる保育だからこそ、その支援やケアが可能となるのです。

このような経過を考えると、現在の障がい児保育では、たとえば

トイレで排泄をする，食事前に手を洗う，服を着替えるといった日常の保育生活における様々な「活動」や，いわゆる"お客様"の状態ではなく，クラスの一員として本人の意見が尊重され，位置づいているといった「参加」の領域においての支援やケアの必要性が，以前にも増して高まっていると言えます。したがって，巡回相談でも子ども自身の能力が高まる，何かが「できる」ようになることを支援するだけでは不十分であり，「活動」や「参加」の制限や制約がなくなるように保育環境を整えるといった，保育そのものへの支援が以前よりも重要なものになってきているのです。

3　発達支援からみた「物語」の必要性

(1)「伸びに制限があること」に注目する保育

　さて，近年の「障がい」の理解から，保育支援の役割が重要になりつつあるとはいえ，障がい児や気になる子の発達を支援するということが，巡回相談の重要な機能の一つであることは言うまでもありません。ただ，「発達を支援する」ということの意味は何でしょうか。再び『広辞苑』(第6版) で「発達」の意味を調べてみると，第一義として「生体が発育して完全な形態に近づくこと。」とあります。多くの人が一般的に捉えている発達の意味がこうだとするなら，このような理解で障がい児の保育を行う場合，どういった保育の目標が立てられるでしょうか。保育者からよく聞かれるのは，「この子は知的障害という診断があるので，できることには限界があるし，皆についていけないところがある。だからお集まりで座って我慢して待つことができるとか，自分の名前を読めるようにして

あげたい」というものです。ここまで具体的でなくても，漠然と「できないことができるようになる」とか「集団にいられるようになる」とか，そういった目標を個別計画に設定している人は多いでしょう。つまり，障がいがなければ普通は到達できるレベルに少しでも近づいていこうというものです。これは「伸びに制限があること」に注目した目標と言えるでしょう。

（2）「変化の可能性があること」に注目する保育

　ただ，ここでもう一度，『広辞苑』を見てみると，心理学用語としての意味が第一義の後に載っていることに気がつくでしょう。そこには「〔心〕個体が時間経過に伴ってその心的・身体的機能を変えてゆく過程。遺伝と環境とを要因として展開する。」とあります。ここには「完全な形態」という言葉はありません。経過とともに人が変わっていくこと，それがもう一つの発達の意味であり，発達支援とは「子どもが変わることを支援すること」なのです。こちらは「変化の可能性があること」に注目した目標と考えることができます。

　では，子どもはどのようにして変わるというのでしょうか。ここでは，障がい児保育に深くかかわってこられた2人の心理学者の言葉を引用したいと思います。巡回相談の始まりの地である大津市で，子どもの発達保障を考え続けた京都大学名誉教授の故田中昌人さんは「発達とはもっている力が充実すること。その充実が他者とつながって，新しい価値を作り出すこと。そして自分の中の自発的な力で自らを上に育てていくということです」（京都教職員組合養護教員部，2002）と述べています。また，神戸大学教授の木下孝司さんは

「発達とは,人間が自らをつくりかえていくプロセスのこと。詳しくいえば,子ども(人間)が,新たな世界の見方,かかわり方,感じ方を自ら身につけていく営みのこと」(木下,2010)と説明されています。つまり,発達とは「新たな世界に向けられた人間の自発的な営み」だということです。逆に言えば,子どもがいくら何かができるようになったり,集団にいられるようになったりしても,子ども自身がそうなりたい,そうしたい,という思いや願いがなければ,それは発達とは言えないのではないでしょうか。

子どもの発達支援を考えるとき,私たちは何らかの能力を高めることについ目が向きがちです。けれども私たち自身,それが何の役に立つのかわからないまま,将来のためと言われて無理やり暗記させられたり,トレーニングさせられたりしたとき,生き生きとその活動を行うことは難しいでしょう。それでも大人であれば,何のためかと言葉で尋ねることで,その答えを知り,活動の意味を見出すことはできるかもしれません。けれども障がい児の場合,うまく言葉にできないことも多く,保育者が一方的に設定した,何らかの「役に立つ」能力の習得を目標とした保育がなされる危険性があることを,保育者も相談員もそれぞれが意識に留めておく必要があります。

(3) 2つの保育の違い

表9-1はこの2つの「発達」の捉え方の違いによって,保育での発達支援にどのような違いがでるのかをまとめたものです。まず,「伸びの制限」に注目する保育は,障がいがある以上,子どもの能力は通常なら到達するレベルに「到達できない」という状況を重視

表 9-1　発達の捉え方による保育での発達支援の違い

発達の捉え方	「伸びの制限」に注目	「変化の可能性」に注目
子どもの能力	固定的なもの	変化するもの
発達・知能検査	将来の限界を知るため（特性の把握が重要）	現在の能力を知るため（本人の特徴が重要）
保育の目標	集団適応を目指した現状能力の活用や向上	本人が変化への期待をもてる能力の獲得
できるようになることの意味	この先の社会適応に必要な能力の習得	本人が変化を喜び，次に期待をもてる契機
課題の設定	本人の繰り返しを重視	支援者の振り返りを重視

します。成長に伴って，子どもの能力はその子なりに伸びていきますが，通常のレベルに「到達できない」という状況はずっと固定的で変わらないので，その事実に対して何ができるかを考えます。このため，発達検査はどの程度到達できないのかという情報を知ることが目的となり，発達のでこぼこ具合はその後の育ちを予測する障がい特性を把握するために重要となります。保育の目標は，将来の社会で少しでも適応できるように，今できる能力を活用したり，向上させたりして，クラスの活動についていけることを目指します。保育で設定される課題は，子ども本人にこれから必要とされると思われる課題を根気よく，粘り強く続けることで，最終的に身につけることが重視されます。しかし，この支援のあり方は子どもの意思や思いが中心に据えられるのではなく，保育者の思いや願いが優先されるので，子どもと保育者の間に信頼関係がなくても成立してしまう危険性をつねにはらんでいます。

　一方，「変化の可能性」に注目する保育は，障がいの「到達できない」という状況ではなく，子どもの能力はつねに「変化する」と

いう状況を重視します。ただ変化すればいい、というのではなく、発達の捉え方から、子ども自身がその変化を望んでいるかどうかを考えます。このため、発達検査は変化のために活用できる能力を把握することが目的となり、発達のでこぼこ具合も、障がい特性を知るというより、子ども本人の特徴を知るために重要となります。保育の目標としては、子ども自身が変化したいと自ら主体的に望むようになり、その変化に必要な能力が育つことを目指します。そして、実際に得られた変化を子ども自身が喜び、次の変化に向けて期待が膨らむように援助をします。集団から外れる子どもがいたら、外れることでどのような変化を本人が望んでいるのかを推測し、その望んでいることを集団の中で実現するためにはどうしたらいいのか、ということを考えます。その場合、保育環境を変えることで実現するのであれば、現状の環境のままで本人の能力を高めて乗り越えさせることは必ずしも優先とはならず、保育環境を変えることがどうしても不可能な場合の選択肢の一つとなります。したがって、保育で設定される課題においては、本人が能力を身につけるかどうかではなく、支援者（保育者）が変化に適切な環境や状況を整えていたか、という保育実践の振り返りが重視されます。

（4）子どもの本当の願いを読み取る

　次世代の巡回相談ではこの「変化の可能性」に注目して発達支援を行います。子どもが何を望んでいるのか、どのような変化を望んでいるのかを読みとろうとし、それを課題の設定に生かそうとします。ただ、それは子どもの言いなりになるということではなく、子どもの過去や現在を丁寧に読み解いて、子どもの本当の願いを読み

終章　これからの巡回相談の役割と意義

とろうとすることが欠かせません。私たちが巡回相談で「物語」を重視する理由の一つはここにあります。

　私たちは客観的指標としての発達検査や知能検査は，先ほど触れたように，子どもの育ちを知る上で大事なアセスメントの道具だと考えています。しかしそれは，必ずしも発達指数や知能指数としての完全な数値結果を出すということと同じではありません。この点は大津市の巡回相談から捉えた，第5章の髙田智行さんや第6章の野本千明さんが的確に指摘されています。どの年齢でどのくらいのことができるか，という一般的な発達の知識や視点をもちながら保育観察や子どもの行動を捉えることは，巡回相談で欠かせないことだと私たちは考えています。また，そうした視点からのアセスメントの指標は，これまで豊かに，そして確実に開発されてきたと思います。けれども，現在の子どもたちが置かれている状況は，それだけでは保育を考えることがますます難しい状況になってきています。発達障害がこれだけ注目を浴びるようになったのも，対人関係やコミュニケーションの能力を非常に重視する社会が背景にあるからでしょうし，経済的な貧困や，虐待的な家庭環境をもつ「気になる子」の場合，個人の能力が伸びることが問題解決の有効な手段とは言えないでしょう。子ども自身がどのような日常を生き，どのようになりたいと願っているのかを捉えることで，子どもが自ら新しい世界に向かって伸びたいと思えることを支える保育の手立てが見えてくるのではないでしょうか。

4　保育支援からみた「物語」の必要性

(1) 保育を支援することはできるのか

　さて,今度は保育支援の観点から巡回相談を考えてみたいと思います。多くの場合,巡回相談は子どもを専門家が直接指導するというものではありません。保育観察をしたり,ときにはアセスメントの一環として検査をしたりする場合もありますが,相談の中心的な活動は相談員と保育者がカンファレンス（会議形式の相談）を行い,保育者とその後の保育について一緒に考えることにあります。このため,巡回相談は子どもの発達を捉え,育ちを支援してきただけでなく,これまで保育者が行ってきた保育そのものを捉え直し,明日からの実践に向かって意欲をもって取り組むきっかけになってきました。巡回相談そのものが障がい児保育に対する保育者の不安に対処するために始められたように,保育支援の機能は巡回相談がもともと持っている性質の一つです。また,すでにみたように,これからの巡回相談ではその機能の充実が期待されていると言えます。

　ただ,こうした保育支援の機能はこれまであまり議論されてきませんでした。そもそも,巡回相談は保育の専門性をもたない障害や発達の専門家が相談員なのだから,保育の専門家の「保育」を支援することができるのだろうか,というごく自然な疑問が湧いてきます。この議論に応えるため,2014年の日本発達心理学会第25回大会で「巡回相談における保育支援とは何か」というテーマで,ラウンドテーブル（自主ミニシンポジウム）を開催しました。話題提供は本書の執筆者である田丸尚美さん,五十嵐元子さん,野本千明さん

にしていただき，別府悦子さんには指定討論をお願いしました。本書の内容と重なる部分があると思いますが，どのような話題が挙げられたのかを紹介したいと思います。

（2）保育者が本当に求めていること

田丸さんは，第4章でも描かれた鳥取市の事例を題材に挙げながら，巡回相談は①保育を担う保育者の主体性と②園外の専門家である相談員との協働が問われるのだと述べました。つまり，巡回相談の保育支援は①「保育者の主体性」が大切にされ，②「スムーズな協働関係」がとれるものでなくてはなりません。このため，園としては巡回相談の前にケースについて園内協議をしておき，クラスの保育のあり方を検討しておくこと，相談員としては保育者の主訴をなるべく掘り下げ，保育者の振り返りを重視することが必要ではないか，という提案がされました。

五十嵐さんは，巡回相談における保育支援の役割として次の3点を挙げました。①保育者が相談したいことを共感的に丁寧に聞きとることで，目の前の保育にあらためて向き合えるように支援すること。②問題となっている状況を整理し，そこで子どもが示している支援のニーズを明らかにすること。③これまでの保育者の働きかけの意味について解釈し，次の実践が具体的にイメージできるようにすること。これらはすべて，保育者自身が自立的に自身の保育を考え，実践することを支援するために行われるのだとしました。

野本さんは，巡回相談後のさらなるフォローとして，巡回相談に同行した保育者が，再度その園を訪問してアドバイスをする保育相談を担当する経験をもっていました。その経験から，巡回相談を楽

しみにしている保育者と，苦痛に感じている保育者がいることに気づきました。そして，この楽しみと苦痛を分けるのは，保育で感動した経験をもっているか，子どもを理解したい気持ち，信頼されたいという気持ちがあるかどうかでした。このことから，保育者が本当に相談したかったことにたどり着くこと，保育の粗い部分を指摘するよりも，その保育の長所を熱く語り合うことで保育者の自己肯定感を育てることが，次の巡回相談を楽しみにし，保育者の力量を高めていく相談となるということを提案しました。

　田丸さん，五十嵐さん，野本さんに共通していたことをまとめると，「保育者が自分で主体的に保育を考え，自立的に実践できるようになること」が保育支援の中心となるということでした。そのことを実現するための手段として，「保育の振り返り」「実践の意味づけ」「自己肯定感の向上」といったことが巡回相談の保育支援では重要なテーマとなる，ということも示されたように思います。

　そして，さらなる課題も明らかになりました。指定討論の別府さんは，巡回相談が抱える問題として，保育者の主訴の裏側に真の相談動機がある，ということを指摘されました。保育者は課題となっている問題状況を主訴として伝えますが，保育者はその理由（たとえば障がい名や発達段階）を知れば安心するというものではなく，自分が保育で置かれている立場を知ってほしい，一刻も早く解決したいという思いを抱えていることが，現在の巡回相談においては発達支援だけでなく，保育支援をも必要とされている背景にあるということでした。

（3）「物語」によりそう巡回相談へ

　この指摘がきっかけとなって私たちは再び，2015年の第26回大会

終章　これからの巡回相談の役割と意義

で「子どもと保育者の物語に寄りそう巡回相談とはなにか」という自主シンポジウムを開催することにしました。巡回相談では保育者が主体的，自立的に保育実践ができるようになる支援を必要としている一方で，保育者は一刻も早く問題状況を解決したいという思いが強くある，という事態にどう向き合うか，という課題がそこにはありました。保育者が自分の保育に向き合うには，じっくりと語り合う，振り返ることが求められますが，自分の立場が苦しい，早く解決したい，という保育者の思いが強ければ強いほど，解決を自分の保育の中に見つけるのではなく，苦しさを子どもや保護者のせいだと思い，解決すべき問題を外部に求めて，正解となる指導を求めるようになるからです。それは保育支援が目指すところとは異なります。しかし，保育者のそうした強い思い・動機があるということを前提にして，どのように保育支援を実現するのか。そこから出てきた一つの提案が，子どもと保育者によりそうこと，とくに子どもと保育者の「物語」によりそうことでした。

　この自主シンポジウムで話題提供をしたのが，本書でも執筆した髙田智行さん，飯野雄大さん，田丸尚美さん，芦澤清音さんでした。このときはまだ「物語」の視点が明確になっていたわけではなく，浜谷直人さんが企画趣旨の中で触れた程度でした。ただ，すでにお読みになったように，本書での「物語」は巡回相談における大きなキーワードであり，序章の浜谷さんや第 8 章の川尻泰樹さんはこの点を掘り下げることになりました。序章で浜谷さんは，支援児について客観的に説明する相談を第一世代の巡回相談，関係と物語を解釈する巡回相談を第二世代の巡回相談と呼んでいます。このことは，これまでの巡回相談を古いものとして，新しいものに変えていかな

くてはならない，という意味ではありません。これまでも，客観的に説明するだけでなく，子どもたちの人間関係を大切にしてきたことは，豊島区，八王子市，大津市，鳥取市のいずれの事例からも読みとることができます。第二世代の巡回相談は第一世代の巡回相談がベースにあり，そのうえに築かれるものだと言えます。その意味で，やはりこれからの巡回相談を考える上で，本書を特徴づけているのは「物語」の視点だと言えます。

5　「物語」の役割を教えてくれたエピソード

（1）「障がい受容」ができない親？

　この「物語」の視点に関して，私自身が経験した一つのエピソードを紹介したいと思います。これは私が昔，子育て支援を主としたある相談室にスタッフとして勤めていたころのことです。あるとき，通常学級に通う小学校5年生の女の子とご両親が来室されました。子どもの育ちのことで相談があるとのことでした。私はその女の子ともう一人のスタッフと一緒に，アセスメントを目的にプレイルームで遊ぶことにしました。目線が合いにくく，コミュニケーションはちぐはぐな感じで，精神年齢は3歳から4歳と思われ，文字はまったく読めませんでした。後日行った知能検査でも発達のばらつきがみられました。臨床像としては，障害にかかわる仕事をされている方であれば発達障害だろうとすぐに見当がつくほど，その特徴が明らかにみられました。

　ところが，ご両親に話をうかがうと，「保育園のころから現在まで，この子はずっと障がい児扱いを受けてきた。『あなたの子ども

は発達障害ですから療育に通ってください。特別支援教育を受けてください。なぜあなたたちは認めないのですか』等々，ずっとそのように言われ続けてきた」とおっしゃるのです。ご両親は淡々とした語り口でしたが，表情は強い憤りと悲しみが混ざった複雑なものでした。続けて「これまで様々な医療・相談機関を訪れたが，そのたびに同じことを言われる。『あなたのお子さんは発達障害です』と。けれども，診断基準を見てみると，ある項目はこの子には当てはまらない。だから発達障害ではない。なのに，学校ですら，どの先生もこの子を障がいだと言い，それに応じた教育をさせようと迫る。それが許せなくて，保育園や学校をいろいろ変えてきたし，今の学校も信頼できない。本当に何がこの子にとって一番なのか。それを知りたくて相談に来た」と語られました。

　ここまでの話だと，いわゆる「わが子の障がいをどう受容するか」という「障がい受容」の問題のように思われるかもしれません。けれども，なぜ私の印象に残っているかといえば，ご両親ともに医療に関係する専門性の高い研究職に就いておられたからでした。医療の診断基準や健診システム，教育については私たちスタッフよりも造詣が深いといってもよいほどでした。それだけに初回の面接のときは，なにが一体どうなったらここまでこじれるのか，とかえってスタッフが疑問に思うほどでした。

（2）「物語」が重なる
　そこで，障がいがあるかないかを相談の核に据えるのではなく，はじめて出会ったときの印象（明るい笑顔で，人見知りしない様子）や，「どうしてここに来たの？」という問いかけに「あそびに来

た」「パパとママが教えてくれた」と彼女が片言ながらもしっかり答えてくれて嬉しかったことなど，時間をかけて丁寧に私たちが素直に感じたことをご両親に伝えました。また，相談室に来ることについてごまかしたり，何も説明せずに連れてくるのではなく，知る権利のある子どもとしてきちんと伝え，子どもも彼女なりに受けとめていることがとても印象的だったとも伝えました。その上で，知能検査の結果も踏まえると，高学年の通常学級では知的に授業内容が理解できないであろうこと，医者によっては発達障害と診断する可能性もあるだろうことを正直にお伝えしました。

　すると，ご両親は涙をぽろぽろと流しながら，「私たちが子どもの素晴らしいと思っているところを，最初に，嬉しそうに，楽しそうに話してくれたのは初めてだった。知的な遅れがあることはわかっているけれども，障がいのあるなしでこの子があるのではない。正面から子どものことを見てくれたのがとても嬉しい」と話してくださり，これまで家庭で経験してきた楽しい出来事や彼女の得意なことなど，その後のかかわりのヒントとなることをたくさん話してくださいました。

　小学校の高学年になるまでの長い月日を考えると，ご両親が出会ってきた施設や機関，学校の関係者がすべて，ご両親に対して不適切な言動をしてきたとは思えません。きっと親身になって，子どものためを思って，かかわってこられた方々もいらっしゃったでしょう。おそらく，けっして軽いとは言えない障がいの程度を考えて，すぐにでも支援が必要であることを伝えたかったに違いありません。ただ，これまで医療や教育で語られてきたこの子の「物語」が，ご両親の中にあったこの子の「物語」と重ならなかったのだと思いま

終章　これからの巡回相談の役割と意義

す。生まれて今までの我が子とご両親の生活の中で生み出された「物語」に描かれた「固有の人間としての魅力」が共有されない，そのような状況だったのだとすれば，その魅力をより輝かせたいというご両親の願いも共有されなかったのではと思います。私たちスタッフがアセスメントの結果を返すまでに子どもとご両親にかかわった時間はけっして長かったわけではありませんが，子どもの障がい特性を明らかにすることを第一の目的とするのではなく，短いながらも彼女とかかわる中で生じた「物語」から，子どもの魅力的な一面をまず捉えようとしたことが，ご両親との連携をとるうえでは重要なことでした。

　この出来事は，子どものアセスメントや支援を考えるとき，障がいの特徴や程度を客観的な指標にもとづいて捉えた結果だけでは，豊かな子ども像の共有を子どもの発達を支える大人たちの間にもたらすことはできない，ということを私に気づかせる出来事でした。そして，「物語」の中に現れる人間としての子ども自身のよさ，素晴らしさが共有されることが，その子の発達を保障するための動力源になることを教えてくれた出来事でもありました。第3章では保護者をカンファレンスに交える八王子市の巡回相談が紹介されています。そこで明らかにされたのは，カンファレンスで保護者が保育者の視点を知ることが，その後の連携において大きな意味をもつ，ということでした。保育者が日常の保育から見出した子どもの「物語」（子ども理解）と，保育者自身の「物語」（子どもを排除しない保育）を知ることが，その後の良好な関係形成に影響を及ぼしていました。

6 本書の事例の中の「物語」

(1)「物語」の視点

　本書で描かれた数々の事例は，このようにして子ども自身のよさ，素晴らしさを共有することが，保護者との間だけでなく，保育者と相談員がかかわる巡回相談の場でも大事であることを教えてくれています。つまり，障がい特性やそれに応じた対応に焦点が当たりがちな巡回相談において，子ども自身に固有の，人間としての魅力を時間の制限のある保育観察とカンファレンスでどのように見出していったか，が描かれていました。

　第2章において飯野さんは，巡回相談で相談員がアセスメントを行う際は，「この子は○○だ」と一面的に捉えるのではなく，「○○だけれども△△な子」という広いイメージをもつことが大切だと指摘しています。実際，この事例において相談員は最初，事前の情報から子どもの課題を捉え，その対応を考えていましたが，発達検査のときの子どもの様子から「だけれども」の可能性を見出し，カンファレンスで日常保育のエピソードが明らかになる中で，その先の子どもの豊かな感性に気づき，それを保育者と共有することができました。

　第8章で川尻さんは，巡回相談の場は，相談員が自身のアイデアを一方的に語る独白(モノローグ)的な場ではなく，個々の保育者がもつ物語が交じり合うことで，保育者の手で新しい物語がつくられることに相談員が寄与する対話(ダイアローグ)の場であると述べています。すなわち，相談員がアセスメントの中で捉えたことは対話のきっかけで，結論では

ないという感覚が相談員には求められると言えます。その視点があればこそ、飯野さんの事例では相談員の「客観的な」アセスメントにとどまらない、豊かな子ども像を共有することができたといってよいでしょう。

　ただ、保育者との対話を重ねれば、豊かな子どもの理解が可能か、といえばそうでもない、ということを第1章の五十嵐さんたちの事例は教えてくれます。対話の中で一旦、支援児の理解が深まったと思っても、今度はその捉え方に囚われてしまうと、次回の巡回相談で理解が行き詰まるということにもなるからです。

　つまり、子どもと保育者の物語に沿って子どもの理解を共有できたとしても、それが「この子は○○だ」と固定的に捉えてしまうと、その理解を裏付けていた「物語」は生き生きとした輝きを失ってしまいます。なぜなら、序章で浜谷さんが述べていたように「物語は筋書きがない」にもかかわらず、子どもの理解を固定的に捉えてしまうことは、結局、子どもの「筋書き」になってしまうからです。その思いが、五十嵐さんたちの事例では、別の切り口を模索するきっかけになり、最終的には子どもたちの関係図を保育者と相談員が一緒につくることで、現在の子どもの姿が見えてきました。

　また、鳥取市の巡回相談（第4章）では、この筋書きのない物語を対話のきっかけとするため、事前資料に保育者から具体的なエピソードを挙げてもらう、という点に特色がありました。さらに、大津市の巡回相談（第5章）では、保育者の主観的な子どもの捉え方に、発達理論にもとづいた客観的な相談員の捉え方を合わせて互いに共通理解することで、「一人ひとりを大切にする保育」と「ともに育ち合う保育」が具体的に実現することが強調されていました。

一見すると,鳥取市が保育者の主観的な捉え方を大事にし,大津市は相談員の客観的な捉え方を大事にするという逆の立場からの相談のようにも見えます。ただ,実際にはどちらも,巡回相談は保育者の主観的な捉え方から相談が始まるという認識に違いはありません。また,大津市の巡回相談において客観的に捉えようとすることの目的は,子どもの「発達要求」（子どもの育ちたいという「願い」）を読みとることです。発達検査を行うにしても,数値を出すことは重要ではないとするのもこのためです。その意味で,鳥取市の巡回相談は,保育者の「願い」を掘り起こしていくことで保育の悩みを解決していこうとする点で,両者ともに「願い」を大事にしていることがわかります。序章で浜谷さんが「物語の視点では子どもと保育者が主人公である」と述べていましたが,大津市と鳥取市の事例はその具体的なあり方を実現しているという点で大きな意義があると,「物語」の視点からは言えます。

（2）共有可能な子どもの「物語」

これまで見てきたように,巡回相談で保育者と相談員の間で語られる「物語」は,子ども自身が保育者や相談員に自分で語る「物語」を直接的に指すのではありません。巡回相談を通して,保育者は保育の文脈で,相談員は心理学などの文脈で,保護者は家庭の文脈で,とそれぞれの文脈で自分自身の「物語」をもつ支援者が,子どもとかかわる中で見出したそれぞれの「物語」を語り合うことで形成される,全員で共有可能な子どもの「物語」のことなのです。もちろん,さらに子どもの発達に応じて,生活の中で子ども自身が自分の「物語」を表明する場合は,それが最大限に尊重されること

は言うまでもありません。ですから、どの文脈が正しいということも、間違っているというのでもありません。巡回相談にかかわる人全員がこのような「物語」の性質を理解したうえで、子どもの「物語」を語り合い、共有するというプロセス自体が、それぞれの専門性と思いを明確にしながら、子どもの支援という共通する目標に向かって、妥当性のある具体的な対応を考えていくことにつながるのです。

7 「物語」の視点を発達支援や保育に生かすということ

(1) 集団づくりの難しさ

　巡回相談や障がい児保育の研修で、障害のある子を含めた集団づくりについて話題になると、とくに年中や年長の場合、クラスの仲間が障がいのある子を敬遠したり、非難したり、遠ざけるといったことが話題になることがあります。障がいの特徴について子どもたちが理解し、それぞれが思いやりのあるクラスになってほしい、そういう願いがあるにもかかわらず、ときに子どもたちが障がいのある子を排除するような姿を見せると、保育者は保育に大きなストレスを感じることになります。

　もちろん、大津市の事例（第5章）のように、年少の子どもが見せる年齢にそぐわない「優しさ」が見られることが保育の振り返りの材料になる、といったこともときにはありますが、年中や年長になり、年齢が上がって、クラス集団が形成されるにつれ、こうした悩みは増えてくるようです。そのような場合、客観的に捉えた障がい特性への対応を考えることが主体となる巡回相談では、そうした

状況に対して有効な対応は見出しにくいものです。

「人それぞれに得意なことと苦手なことがあるから,苦手なことは手伝ってあげて」と伝えたり,「みんなと一緒だけど,ゆっくり覚えているだけだよ」と伝えたり,という事例はよく保育者から聞くのですが,それでお互いへの思いやりや障害に対する理解が深まるかというと,そううまくいかない場合も多いように思います。とくに,障がいのある子の生活習慣が身についていなかったり,乱暴だったりすると,どのように伝えても難しいと感じるのではないでしょうか。それが保育上の悩みとなるのです。第4章で田丸さんは,障がいの特性や個別の対処の仕方を知るということが,かならずしも保育上の悩みを軽くするわけではないことを指摘されていますが,問題行動に着目し,その対応を図ろうとする巡回相談では,その解決は子どもが大人(保育者)や周囲の基準に合うように変わるか,周囲に理解を求めるかしか選択肢がないのです。

(2)「だけれども」の可能性を見出す

一方,「物語」視点に基づく巡回相談では,全員が共有できる子どもの姿を見出すことが目指されます。そのためには,保育者が子ども主体で考えた自分の保育に対して自己分析することが求められます(第6章参照)。言い換えれば,自分が子どもの「物語」をどのように読み取ってきたのか,その「物語」の文脈でどのように子どもとの関係を築いてきたかという歴史性が問われる,と言えるかもしれません。問題となる状況に振り回され,余裕がない状態だと,対象の支援児に対してネガティブな「物語」が形成されることもありますが,「物語」の視点にもとづく巡回相談を経験することで,

多くの場合,「だけれども」(たとえば「乱暴だけれども…」)の可能性を見出すことができます。これまでは子どものネガティブな側面が目立っていたとしても,相談を経ることでその子のポジティブな側面が捉えられるようになり,支援者の間で共有されることになります。

　また,障がい特性のみに問題状況の理解を頼ることがないので,子どもの「物語」を捉えるために,「子どもの行動の根っこにある思い」(第6章)や,固有の人間(個人)としての魅力,素晴らしいと思える点を,保育という生活の中から子どもの中に見出していくことが求められます。そのような巡回相談で生まれる保育の手立ては,その子ども固有の魅力や,素晴らしいと思えるところが発達的な意味づけを加えた具体的な対応の中に反映されることになります。野本さんが第6章で断言していたように,そのように考えられた手立てを実践することが,保育者にとっての醍醐味として感じられる相談になるのです。事実,本書で紹介された各章の巡回相談では,その結果,保育者が生き生きと障がいのある子とかかわっていることが紙面から十分に伝わってくるかと思います。そして同時に,保育者が生き生きと障害のある子とかかわる保育を目にするクラスの仲間もまた,何か楽しそうだ,その子とかかわってみたいと感じることになります。障がいがあるかないかという問題の次元,あるいは,乱暴だから,おもらしをするから,などといった次元とは無関係に,「だけれども」の世界の中で,本当の意味で人間には得意な面と苦手な面があり,全部含めてその子があるのだ,という人間理解が,発達的にいえば年中から年長児のクラスの中に根付いていく,そのような可能性が第二世代の巡回相談には含まれています。

時代が移り変わる中で，社会から保育者に求められるニーズ，国や自治体が構築しようとする制度，そこに投入される資源と人材はこれからも変化し，それに伴って障がい児保育のあり方も変わっていくでしょう。私たちが障がいの特徴や特性を判断する障がいの診断基準や分類でさえ，私たちが思うよりも早いペースで更新されていく現実に私たちは出会ってきました。しかし，いつの時代であっても，子どもと保育者が保育の場で出会い，そこに「物語」が生み出されていくという営みに変わりはありません。だからこそ，これからの巡回相談では，子どもの発達を客観的に捉える視点と同時に，「物語」の視点をもち，確かな人間理解がまず支援者の間に，そして次世代を担う子どもたちに生まれ，受け継がれていく，そのような創造的保育が可能となる活動が求められていると言えます。その意味で，「物語」の視点をもつ巡回相談はまさに，子どもの発達と保育者の保育の両面を支援する巡回相談になる可能性を秘めている，そのように私たちは考えたいと思います。

〈引用・参考文献〉

木下孝司　2010　子どもの発達に共感するとき——保育・障害児教育に学ぶ　全障研出版部

京都教職員組合養護教員部（編著）　2002　田中昌人講演記録　子どもの発達と健康教育④　クリエイツかもがわ

索　引

あ 行

ICIDH（国際障害分類）モデル　225
ICF（国際生活機能分類）モデル　226
足場となる物語　214
アセスメント　16, 17, 69, 74, 128, 233, 241
アドリブ　9
居場所　179, 187
因果関係　11
訴え　114, 115, 117, 119, 124, 135
エピソード　114, 115, 117, 118, 122, 124, 135, 152, 242
エビデンス　9, 11, 12

か 行

階層−段階理論　193
外注化　iii
価値観　81-83, 86
家庭相談　140
加配　i, 205
加配保育者　205, 206, 214
関係図　42, 243
関係性　16
カンファレンス　ii, 2, 65, 66, 91, 93, 100, 103, 105, 113, 121, 126, 129, 135, 193, 234, 242
機能連関　198
気持ちの連なり　218
客観的なアセスメント　19
客観的な理解　9
クラス相談　140, 143
劇遊び　52, 54
言語・社会系の育ち　2
現場の実践力　4
行動変容　197
合理的配慮　197
5歳児発達相談　111
子ども・子育て支援新制度　200, 223
子ども同士のかかわり　45
子どもの持ち味　33
子ども理解　29, 33
子ども理解の妥当性　23
個の発達　16, 17
個別相談　140, 143, 145
コンサルテーション理論　193

さ 行

支えとなる物語　214
参加　208, 227
視覚認知　69, 73
時間　212
自己肯定感　83, 84, 174, 236
就学相談　81
集団づくり　158, 245
手段としての分離　209
障害児保育事業　192
障害児保育実施要綱　30
障がい受容　239
障害当事者　196, 197
新版K式発達検査2001　73
早期発見　92, 191, 221
早期療育　92, 221
相談体験　136
ソーシャルスキルトレーニング　85
育てにくさ　196

た 行

対話　219, 242

的確な理解　23
出来事　212
独白　206, 218, 242
特別支援教育　194, 223, 239
特権的な物語　22

　　　　な　行

仲間関係　42, 46
乳幼児健診　96, 140, 173, 175, 191, 194, 196, 221

　　　　は　行

パーソナルデザイン　5
排除　16, 106, 209, 245
発達課題　146, 165, 170, 193
発達検査　1, 65, 67, 69, 70, 82, 99, 141, 143, 144, 170, 193, 194, 196, 197, 231, 242
発達支援　222, 229, 230, 232
発達状況表　110
発達診断　142, 144, 160, 164, 165, 170, 171, 183
発達相談　140, 142, 145, 146, 160, 170, 171, 188
発達段階（理論）　156, 183, 193, 197, 236
発達的な理解　20
発達の危機　20
発達の好機　20
発達の専門性　20
発達の道筋　171, 184, 186
発達保障（論）　139, 193, 201, 229
発達要求　142, 143, 154, 176, 177, 179, 244
評価の目　107
複数の物語　22
分業　iii
分離　209
保育元年　192, 221
保育支援　222, 228, 234
保育実践の画一化　iii
保育者の語り　55
保育者の振り返り　235
保育者への信頼　106
保育所等訪問支援（事業）　194, 223
保育相談　31, 149, 163, 165, 168, 172
保育日誌　29, 55
保育の流れ　217, 218
保育力　iii
報告書　ii, iv, viii, ix
保護者の同意　89

　　　　ま　行

「まるごと」の理解　198
民間研究団体　192
物語的な解釈　16
物語的な接近　25
物語的な理解　9
問題状況　15, 16

　　　　や行・ら行

豊かな物語　22
療育　80, 84, 85, 91, 95, 105, 142, 192, 225, 227, 239
ローカルデザイン　5

《執筆者紹介》

浜谷直人（はまたに　なおと）編者，まえがき，序章
　首都大学東京人文科学研究科　教授

三山　岳（みやま　がく）編者，終章
　愛知県立大学教育福祉学部　准教授

五十嵐元子（いがらし　もとこ）第1章
　帝京短期大学こども教育学科　専任講師

足立孝子（あだち　たかこ）第1章
　豊島区保育園保育士

永山久恵（ながやま　ひさえ）第1章
　豊島区保育園保育士

井上　綾（いのうえ　あや）第1章
　豊島区保育園保育士

飯野雄大（いいの　たけひろ）第2章
　白梅学園大学子ども学部　特任講師

芦澤清音（あしざわ　きよね）第3章
　帝京大学教育学部　教授

田丸尚美（たまる　なおみ）第4章
　広島都市学園大学子ども教育学部　教授

髙田智行（たかた　ともゆき）第5章
　大津市福祉子ども部幼児政策課　発達相談員

野本千明（のもと　ちあき）第6章
　大津市福祉子ども部子ども家庭課　政策担当保育士

別府悦子（べっぷ　えつこ）第7章
　中部学院大学教育学部　教授

川尻泰樹（かわじり　やすき）第8章
　豊岡短期大学子ども学科　非常勤講師

《編著者紹介》

浜谷直人（はまたに　なおと）

東京大学大学院教育学研究科 博士課程 満期退学

現　在　首都大学東京人文科学研究科 教授

主　著　『困難をかかえた子どもを育てる――子どもの発達の支援と保育のあり方』新読書社，2004年

『発達障害児・気になる子の巡回相談――すべての子どもが「参加」する保育へ』（編著）ミネルヴァ書房，2009年

『保育力――子どもと自分を好きになる』新読書社，2010年

『仲間とともに自己肯定感が育つ保育――安心のなかで挑戦する子どもたち』（編著）かもがわ出版，2013年

『場面の切り替えから保育を見直す――遊びこむ実践で仲間意識が育つ』（共著）新読書社，2015年

三山　岳（みやま　がく）

東京都立大学大学院人文科学研究科博士課程単位取得退学 博士（教育学）
臨床心理士，臨床発達心理士

現　在　愛知県立大学教育福祉学部 准教授

主　著　『学級と学童保育で行う特別支援教育――発達障害をもつ小学生を支援する』（共著）金子書房，2008年

『発達障害児・気になる子の巡回相談――すべての子どもが「参加」する保育へ』（共著）ミネルヴァ書房，2009年

『仲間とともに自己肯定感が育つ保育――安心のなかで挑戦する子どもたち』（共著）かもがわ出版，2013年

子どもと保育者の物語によりそう巡回相談
——発達がわかる、保育が面白くなる——

2016年4月10日　初版第1刷発行　　　　　　〈検印省略〉

定価はカバーに
表示しています

編著者　浜　谷　直　人
　　　　三　山　　　岳
発行者　杉　田　啓　三
印刷者　中　村　勝　弘

発行所　株式会社　ミネルヴァ書房
607-8494 京都市山科区日ノ岡堤谷町1
電話代表　(075)581-5191
振替口座　01020-0-8076

© 浜谷・三山ほか，2016　　　中村印刷・清水製本

ISBN978-4-623-07654-3
Printed in Japan

発達障害児・気になる子の巡回相談 ――すべての子どもが「参加」する保育へ 浜谷直人／編著	四六判／230頁 本体　2500円
保育を支援する発達臨床コンサルテーション 東京発達相談研究会・浜谷直人／編著	Ａ５判／226頁 本体　2200円
子どもの発達の理解から保育へ ――〈個と共同性〉を育てるために 岩田純一／著	Ａ５判／240頁 本体　2400円
共　　感 ――育ち合う保育のなかで 佐伯　胖／編	四六判／232頁 本体　1800円
臨床ナラティヴアプローチ 森岡正芳／編著	Ａ５判／300頁 本体　3000円
保育のためのエピソード記述入門 鯨岡　峻・鯨岡和子／著	Ａ５判／256頁 本体　2200円
エピソード記述で保育を描く 鯨岡　峻・鯨岡和子／著	Ａ５判／272頁 本体　2200円
子どもの心の育ちをエピソードで描く ――自己肯定感を育てる保育のために 鯨岡　峻／著	Ａ５判／296頁 本体　2200円
保育の場で子どもの心をどのように育むのか ――「接面」での心の動きをエピソードに綴る 鯨岡　峻／著	Ａ５判／312頁 本体　2200円

―――― ミネルヴァ書房 ――――

http://www.minervashobo.co.jp/